TRAITÉ

D'ÉQUITATION.

PARIS, IMPRIMERIE DE POUSSIELGUE, RUE DU CROISSANT, 12.

TRAITÉ

D'ÉQUITATION,

Par M. le vicomte d'Aure,

OUVRAGE ORNÉ DE VINGT-SEPT PLANCHES ET VIGNETTES

DESSINÉES

Par M. Ledieu, Élève d'Horace Vernet.

PARIS,

Mme LECLÈRE, AVENUE DE NEUILLY, No 26;

ANSELIN, SUCCESSEUR DE MAGIMEL,

ÉDITEUR-LIBRAIRE POUR L'ART MILITAIRE,

RUE DAUPHINE, No 9.

1834.

Mon Cher Seymour;

Quelque faible que soit l'importance d'un ouvrage, l'usage permet de le dédier à quelqu'un. Il faut que je compte beaucoup sur votre indulgence pour vous offrir la dédicace de celui-ci; je confesse qu'il en est peu digne; mais à qui cependant pourrais-je l'adresser, si ce n'est à celui à qui je suis redevable de m'occuper encore d'un art aussi agréable qu'utile. M'ayant ensuite permis de vous ranger au nombre de mes Élèves, ce doit être à celui que je considère comme le plus capable de me juger que je dois l'hommage de mes faibles essais. Vous voyez que vous avez tous les titres, sans compter une bien sincère amitié, dont je suis heureux de vous renou-veler l'assurance.

Le Vicomte d'Aure.

AVIS DE L'ÉDITEUR.

Tout éditeur en publiant un ouvrage est dans l'usage d'en donner un compte rendu.

Étranger à l'équitation et n'étant pas à même d'apprécier ce traité, j'ai dû m'adresser à un juge compétent : l'opinion publique m'avait désigné M. le comte de Rochefort : je lui communiquai mon manuscrit. Cet écuyer distingué me fit l'honneur de m'adresser la lettre suivante, et j'espère qu'il ne me saura pas mauvais gré de la citer ici.

Monsieur,

J'ai lu avec le plus vif intérêt le manuscrit de M. le vicomte d'Aure, intitulé Traité sur l'Équitation, que vous venez de m'adresser et sur lequel vous m'avez fait l'honneur de me consulter.

Ami de M. d'Aure et son ancien camarade à l'École de Versailles, je connaissais déjà cet ouvrage et je crois être un de ceux qui ont le plus contribué à le lui faire publier; c'est vous dire d'avance que je l'approuve; mais comme je désire répondre en tous points à la confiance que vous avez eue en moi, je vais entrer dans quelques détails, afin de prouver que cette opinion favorable est bien motivée.

M. d'Aure, dont le nom est déjà placé depuis long-temps à côté de celui des plus grands maîtres, marquera aussi son époque; et il a, selon moi, fait faire un grand pas à l'art de l'équitation, en le réduisant pour ainsi dire à sa plus simple expression; sa méthode est claire, précise, et elle est basée sur des principes dont les effets sont toujours positifs et en harmonie avec la conformation du cheval.

Il explique et décrit parfaitement l'origine de l'équitation et ses progrès jusqu'à nos jours.

Sa théorie des oppositions est excellente, et dans elle se trouve renfermé tout l'art de l'écuyer.

L'action des poids et des contre-poids est connue depuis longtemps, mais jamais on n'en a fait une application aussi juste et aussi précise, non seulement dans le travail du galop, qui de cette manière se trouve très simplifié et se rapproche davantage de la nature du cheval, mais encore dans le système des aplombs, système créé par M. d'Aure et dont les effets sont des plus heureux. Cette assertion de ma part se trouve d'autant mieux fondée, que je pourrais citer à l'appui des exemples très récents et qui me sont personnels.

Les moyens indiqués dans le chapitre des aplombs m'ont toujours réussi, et je les ai employés avec le plus grand avantage sur des sujets de conformation défectueuse dont on n'avait pu tirer aucun parti.

Voilà, Monsieur, en résumé, les motifs sur lesquels je base mon opinion, et je suis convaincu qu'elle se trouvera justifiée par le succès qu'obtiendra l'ouvrage dont vous êtes l'éditeur.

Agréez, Monsieur, l'assurance de ma considération distinguée.

Le Comte Camille de Rochefort.

PRÉFACE.

L'ouvrage que je fais paraître devrait être intitulé *Notes sur l'Équitation*, car il n'est point assez complet pour être considéré comme traité : il a fallu que je cédasse au désir de mes amis pour me déterminer à en donner une publication aussi inachevée ; je n'ai point cherché çependant à lui donner plus de développement dans la crainte d'abord de fatiguer ceux qui prendront la peine de me lire, et ensuite parce que l'école à laquelle je le destinais n'existe plus.

Appelé par ma position à commander un manége qui, depuis plusieurs siècles, avait été considéré à juste titre comme le meilleur et la pépinière de tous ceux de l'Europe, je sentais qu'il était de mon devoir de travailler à me rendre digne d'un commandement aussi important, non pas en conservant ses principes dans un état stationnaire , mais en travaillant à les faire marcher vers un progrès. La tâche était d'autant plus difficile que les premières années de la révolution avaient apporté une lacune, pendant laquelle tous les manéges de France avaient été détruits, comme le goût et les connaissances s'étaient perdus par l'éloignement des hommes qui auraient pu l'entretenir et les faire renaître.

Napoléon , en montant sur le trône , forma ses écuries et appela pour les diriger des hommes qui , pour la plupart, avaient appartenu à l'école de Versailles, et tout ce qui restait encore en France des débris de cette même école fut attaché , soit à l'école d'instruction des troupes à cheval , soit aux haras, tant l'on sentait à cette époque que pour des choses spéciales il fallait des hommes spéciaux. Mais tout en employant des hommes dont on sentait l'utilité l'on ne songea point à l'avenir, en négligeant de recréer convenablement plus tard une école qui devait servir de pépinière.

A la rentrée des Bourbons le manége de Versailles fut rétabli ; sa direction en fut confiée à deux hommes du premier mérite , à MM. d'Absac. Personne mieux qu'eux n'était plus à même de nous rendre les anciennes traditions , puisque l'un et l'autre avaient dirigé ce manége avant la révolution , et que l'un et l'autre avaient été les élèves et les contemporains de Nestier et de La Guérinière ; mais l'on ne sentit pas l'importance d'une semblable réorganisation : l'on réforma le manége de Versailles, parce qu'autrefois il y en avait un, et l'on ne songea point aux avantages qu'on devait en retirer. Dès ce moment il fut considéré comme une partie du service des écuries du roi, ne devant servir qu'à l'instruction des gens du roi ; l'on n'en fit pas ce qu'il aurait dû être, une école normale d'équitation, c'est à dire une pépinière d'hommes de cheval, un foyer chargé de répandre ses lumières sur toute la France, le point de départ enfin de la régénération , de l'équitation et de l'espèce chevaline.

En 1828 j'étais tellement pénétré de l'idée que le manége de Versailles, d'après la marche de son institution, ne pouvait rendre au pays tous les avantages qu'on aurait dû en espérer, que je proposai au gouvernement l'organisation d'une école spéciale et civile d'équitation, afin que la France pût se créer des officiers de haras instruits , et qu'en même temps, accueillant dans

cette école les jeunes gens qui auraient du goût pour cette profession , ils trouvassent les moyens de l'apprendre et de pouvoir l'exercer un jour utilement.
Mon projet même s'étendait plus loin , puisque plus tard j'aurais voulu que
les principales villes de France, où il y a des colléges et une nombreuse
jeunesse, eussent aussi des académies d'équitation émanant de la première ; par
ce moyen , en répandant les lumières sur tous les points , le goût ce serait
propagé ; la classe riche, devenant éclairée, aurait pu avoir une chance heureuse
en se livrant alors à l'éducation des chevaux ; la classe inférieure de la société
aurait trouvé un moyen de se créer une industrie nouvelle, et certes , s'il en
avait été ainsi , elle tournerait à l'avantage du pays ; car de cette façon nous
aurions pu un jour, en utilisant nos races qui se seraient améliorées infailliblement, une fois remises à un régime et à une éducation mieux entendus , balancer la vogue des chevaux étrangers , et peut-être aurions-nous fini par la faire
tomber entièrement.

Lorsque je me berçais de cette espérance , j'étais bien loin de songer à une
catastrophe qui en renversant un trône devait entraîner tout ce qui pouvait y
être attaché.

Ce manége de Versailles, que je regardais comme insuffisant mais qu'aucune
révolution n'aurait dû atteindre, à cause des services qu'il pouvait rendre en
lui donnant une meilleure direction, une direction plus nationale , ce manége a
été détruit. Cependant que la France se pénètre bien de l'idée qu'il faudra qu'on
y revienne. Dans un pays comme le nôtre , avec des haras , une armée , des
remontes, des chasses, les besoins que les gens riches éprouvent de monter à
cheval et d'avoir des chevaux dressés , une école spéciale et normale de cavalerie est absolument nécessaire ; car qui est-ce qui exerce l'état d'écuyer ou
de piqueur à Saumur et dans tous les manéges de Paris? Quels sont les piqueurs
des maisons royales? Ce sont tous des hommes qui sortent de Versailles ou
qui sont élèves de maîtres qui y avaient été instruits ; mais que ce petit nombre
qui s'éclaircit de jour en jour vienne à disparaître, comment les remplacera-
t-on? Il faudra alors faire pour les hommes ce que nous faisons pour les chevaux, aller chercher des professeurs en Allemagne ; la France : riche et belle,
n'aura pas pu en aucune façon se suffire à elle-même.

Certes, pour quelqu'un qui aime son pays et son état , les notes que je livre

au public sont suffisantes ; si elles n'avaient pas été écrites depuis long-temps ,
ce n'est point aujourd'hui que j'aurais eu le courage de le faire ; aussi ne me
suis-je pas senti la force de leur donner plus d'étendue , ce ne sera que l'espoir
d'un temps meilleur qui pourra m'y déterminer.

J'ai joint à la fin de ce traité une *Lettre sur l'équitation*, adressée à madame
de N***. Lorsque je l'écrivais je ne pensais guère qu'elle aurait les honneurs de
l'impression, et jamais mon intention n'aurait été de publier une chose qui n'a
aucune importance : aussi est-ce par surprise qu'elle a été rendue publique.
Un de mes amis, à qui j'en prêtai une copie , au bout de huit jours me renvoya
ma copie et cent exemplaires imprimés.

Plusieurs journaux en ont donné des extraits, d'autres l'ont copiée en entier ;
enfin il est résulté de cette publicité que de tous les côtés l'on vient me demander ma *Lettre sur l'équitation ;* n'ayant pas de quoi satisfaire à toutes ces
demandes , je prends le parti de la joindre à la fin de ce traité, en priant ceux
qui la connaissent de se dispenser de la relire , et ceux qui ne la connaîtraient
pas encore de la juger avec indulgence.

Introduction.

Pour mettre l'art de l'équitation à la portée de toutes les intelli-
gences il faut, en lui donnant plus de clarté , le rapprocher de la
nature et ne pas l'astreindre à des règles qui ne peuvent être applicables d'une manière générale, puisque l'enfant ne peut être à
cheval comme l'homme d'une taille moyenne, celui-ci comme un
plus grand.

Dans les écoles au contraire on commence par mettre les élèves à
la torture pour obtenir d'eux une position raide et forcée.

Il faut s'attacher avant tout à donner de la grâce et de l'aisance à
cheval, et l'on conçoit sans peine que celui qui y aurait peu de dispositions naturelles a moins de chances d'en acquérir, si on le violente
pour lui en donner.

Il y a plus, c'est que l'homme de formes naturellement élégantes
réussira moins bien si vous contrariez son organisation. Ainsi, loin
d'exiger des positions forcées, il faut laisser l'élève chercher de lui-
même son équilibre et des points d'appui, qui en le fixant lui rendent

ce naturel et cette aisance qu'on perd souvent dans le principe par la crainte de tomber.

Il en est cependant de la tournure de l'homme comme de son esprit : il est des personnes qui ont besoin d'être soignées ou cultivées, et il arrive souvent qu'on n'a pas de grâce apparente, quoiqu'on ait tout ce qu'il faut pour en posséder. Lorsque l'élève a acquis de la confiance et de la solidité, c'est au maître à juger si l'art est nécessaire : il en est de même de l'homme, qui a peu d'apparentes dispositions et chez lequel l'éducation fait ressortir un mérite caché.

Ce naturel apporté dans la position doit être consulté et suivi dans tout ce qui sert soit à former l'élève, soit à dresser le cheval. L'art corrige les imperfections, mais aussi l'art consiste à employer les moyens les plus simples, en harmonie avec la nature, pour obtenir des résultats efficaces. Si l'art fait ressortir le naturel et lui donne un poli, au fond le naturel est toujours le même ; seulement il nous apparaît sous des formes plus agréables.

Il faut donc, lorsque l'on dresse un cheval, ne pas s'écarter de la nature, parler à l'animal un langage qu'il comprenne et avec lequel il se familiarise à mesure que son éducation s'avance.

L'équitation instinctive doit être la base de la nôtre : l'art corrige avec plus de discernement et tire un meilleur parti du cheval, lorsqu'on sait avec connaissance de cause l'approprier à divers services et le ménager plus ou moins, en raison de sa construction, de sa vigueur ou de ses imperfections.

Ainsi que les autres arts l'équitation a eu ses progrès.

Les premiers qui voulurent approprier les chevaux à leurs besoins employèrent des moyens qui appartenaient à leur époque : rien n'était préparé pour les dompter ; l'intelligence fit naître les moyens, puis vint l'expérience qui les perfectionna.

En examinant l'enfance de cet art et les procédés dont se servent encore quelques peuplades de l'Amérique du Sud, des cosaques et même des paysans de nos contrées, nous voyons qu'ils parviennent à soumettre leurs chevaux à l'obéissance en usant des moyens naturels qui se rapprochent plus ou moins des véritables principes d'équitation, c'est à dire qu'ils emploient des oppositions et des résistances.

D'abord on employa pour frein des cordes et des lanières, ou des des bâtons pour diriger les chevaux.

Les cavaliers numides, si renommés par leur adresse, ajoutaient à ces moyens celui de la parole; mais avant d'arriver à ce point ils avaient dû en employer de plus positifs pour les soumettre, car l'obéissance dans ce cas était une habitude et le fruit d'une éducation intime.

A mesure qu'on s'aperçut que ces moyens étaient trop brusques, on en imagina de moins imparfaits. Ainsi le caveçon, auquel on fixa des rênes, produisit un meilleur effet. On finit enfin par découvrir qu'un frein, placé dans la bouche du cheval et appuyé sur les barres, aurait encore plus d'action sur sa sensibilité; on inventa le mors, dont les résultats sont et plus justes et plus sûrs.

Mais cette finesse de l'art, exigée aujourd'hui, est quelquefois trop grande pour l'intelligence du cheval, qui a besoin d'y être amené par degrés. Il est souvent utile, pour faire sentir l'action de semblables moyens, d'avoir recours aux premiers, qui se trouvent plus en harmonie avec les dispositions d'un jeune cheval, dispositions qu'on développe insensiblement et qu'on finit par amener, à l'aide de ces premiers moyens, à concevoir ceux qui sont plus fins et plus d'accord avec nos besoins.

Ainsi la gaule et le caveçon, qui servaient à diriger, sont souvent appliqués de nos jours comme correctifs.

Il en fut de même de l'équipement. D'abord les chevaux furent montés nus, ensuite en couverte, puis en couverte préparée, ce qui donna l'idée de la selle et de l'invention des étriers, et en définitive des diverses espèces de selles qui subirent différentes formes, en raison de nos usages, de la manière de nous mettre et de l'espèce de nos chevaux.

C'est aux chevaliers que nous devons les règles primitives du manége et l'ordre des reprises. C'est de l'Italie que nous vinrent les premiers principes d'équitation; ils étaient appropriés aux exercices en usage dans ces temps, et, par l'effet progressif des lumières et de l'instruction, cet art, déjà en vigueur dans le moyen âge, atteignit en France son apogée sous les règnes de Louis XIII et de Louis XIV. Indépendamment de ce qu'on formait alors des hommes en état de bien manier les chevaux, on avait introduit des règles positives sur la manière d'utiliser avantageusement l'espèce dont on se servait à cette époque.

Depuis, l'équitation a toujours été en périclitant, moins sensiblement pourtant sous Louis XV et Louis XVI. De nos jours nous pouvons voir de combien nous avons rétrogradé.

A mesure que le mode de guerre a changé, que la cavalerie n'a plus servi en quelque sorte qu'à décider par ses charges du sort d'une bataille, on s'est moins attaché à l'éducation individuelle, si nécessaire dans les tournois et les combats singuliers. On ne s'est particulièrement occupé que du travail d'ensemble; mais cet ensemble dans les masses sera plus parfait lorsqu'il existera dans les détails : les éclaireurs d'ailleurs n'ont-ils pas besoin de savoir agir séparément.

Les hommes chargés de transmettre les principes, croyant que cet art avait été aussi haut qu'il pouvait aller, exerçaient machinalement leur état, imitant ce qu'ils avaient vu faire, transmettant d'une manière imparfaite et sans raisonnement ces mêmes principes. Ces écuyers crurent

leur tâche remplie ; ils ne sentirent pas que ce qui avait amené l'équitation à ce haut degré , sous les règnes que j'ai cités , c'est qu'on avait tra-
vaillé alors à perfectionner une équitation en rapport et avec l'espèce
de chevaux et avec les habitudes du temps. N'ayant adopté aucune des
modifications nécessitées par la marche des choses et des temps , ils du-
rent enseigner très imparfaitement à ceux qui opéraient d'après leurs
principes ; c'est ce qui est arrivé. Nous voyons encore aujourd'hui pro-
fesser comme on le faisait il y a plus d'un siècle, avec cette différence
que la valeur des termes et les raisons qui avaient institué les divers
airs du manége sont à peu près ignorées maintenant.

Comme les manéges ne furent véritablement établis en France que
pour exercer les chevaliers , les *airs* de manége et les figures ne furent
calculés qu'en raison des moyens nécessaires pour mettre un cavalier
dans le cas de bien fournir sa carrière et de se présenter avec avantage
dans les combats.

Voilà d'où naissent ces expressions de marcher à main droite ou à
main gauche, dont usaient nos anciens écuyers, qui désignaient par là
le côté droit ou gauche du cheval, appelant les jambes de devant *les
mains.*

Lorsqu'un cheval marchait à main droite , il devait être placé plus à
droite qu'à gauche , en sorte que le cavalier , qui dans ce cas tenait sa
bride de la main gauche, pouvait faire face à l'adversaire qui lui venait
du côté droit.

Dans les tournois, lorsqu'un cavalier entrait en lice il présentait
son cheval à main droite pour attaquer son ennemi de ce côté ; au
moment de rompre la lance il embarquait son cheval au galop et cou-
rait sur son adversaire. Après les premiers chocs , si aucun des cavaliers n'avait vidé les arçons , il fournissait la carrière, au bout de laquelle
par une demi-volte à main droite, il revenait encore se choquer sur

2

son adversaire, ou bien, s'il avait été vainqueur, c'était encore par une demi-volte qu'il revenait dans une allure tride et relevée devant la belle pour laquelle il avait combattu, en saluant de la lance et faisant lever la courbette à son cheval.

Les changements de main, les demi-voltes étaient autant d'airs de manége que l'on enseignait à la jeunesse, pour la mettre en état de courir les *têtes* et lui apprendre toutes les ruses nécessaires pour mettre son adversaire en défaut et en profiter.

Ce travail devait être exécuté avec une justesse et une précision infinies, car le cavalier qui, par les mouvements de ses mains ou de ses jambes, aurait laissé voir ses intentions d'agir, offrait par là de grands avantages à un ennemi expérimenté qui savait en profiter.

La *demi-volte* était une figure en usage dans les combats; c'était une fuite simulée qui avait pour objet de revenir attaquer du côté où l'on n'était point en défense.

La *pirouette* offrait le même avantage. Les *contre-changements* de main étaient autant de ruses qui embarrassaient un ennemi, et dont on profitait pour l'attaquer réellement avec fruit. La fuite des talons à droite et à gauche servait aussi à s'éloigner ou à se rapprocher; enfin tous ces airs de manége, qui étaient la base de l'équitation de la chevalerie, doivent être aussi celle de notre instruction militaire et civile. L'équitation n'a donc à subir que de légers changements en rapport avec le temps, les races de chevaux et les progrès de notre civilisation ; le point essentiel est de rajeunir l'art et de le rendre plus intelligible.

Pour atteindre ce but il est nécessaire de rétablir dans les écoles des principes clairs et précis.

C'est ce que je me suis proposé en écrivant ce traité. J'ai pensé qu'il convenait mieux, et qu'il serait beaucoup plus fructueux de substituer l'expérience à des théories qui laissent peu de chances de succès ; en conséquence j'ai dû simplifier mes observations, et m'attacher surtout à leur donner une forme saisissable pour tous. J'ai en outre divisé mon ouvrage en deux sections, dont l'une comprend en quelque sorte les éléments de l'équitation, et servira comme d'école préparatoire pour arriver à la seconde section, dans laquelle j'ai renfermé l'application de la première et des règles générales du manége.

TRAITÉ

D'ÉQUITATION.

PREMIÈRE SECTION.

BASSE ÉCOLE.

Le travail de la basse école consiste à fixer la posture, à savoir diriger un cheval droit devant soi et à prendre de la solidité.

On doit donc, lorsque l'on démontre les premiers éléments à un élève, s'attacher à lui donner de la confiance; c'est pour cela que je suis d'avis de commencer à la longe, et de le faire monter sur la selle à piquet, ayant sur cette selle plus de tenue, et le cheval à la longe pouvant être facilement arrêté par la personne qui donne la leçon. L'élève se trouvant en sécurité prendra plus promptement une bonne posture, et apprendra plus facilement l'emploi qu'il doit faire de ses jambes et de ses mains.

L'on ne doit mettre un élève en liberté que lorsqu'il commence à se fixer et qu'il sait arrêter et diriger son cheval; dans ce cas, il marchera d'abord sur le cercle et sur le large.

En raison de ses progrès on lui fera prendre le trot et le galop.

Une fois qu'il obtiendra facilement ces deux allures on le mettra sur des selles rases, afin de lui donner plus de tenue, et à mesure qu'il s'assurera on lui fera allonger les allures.

Ce n'est que lorsque l'élève a acquis de la tenue, qu'il se sert facilement de ses jambes et de ses mains pour marcher, diriger et arrêter son cheval, qu'on le fait passer au travail de la haute école.

Il est bon d'exercer de bonne heure les élèves à monter les chevaux en bridon ; indépendamment de l'appui qu'ils peuvent prendre à la main, et qui servira à augmenter leur confiance et leur tenue, il est essentiel qu'ils se familiarisent avec l'usage de ce frein, puisqu'il doit servir à former les jeunes chevaux.

POSTURE DE L'HOMME A CHEVAL.

(Figure 2.)

Le cavalier doit être assis d'aplomb, les reins souples, afin de suivre les mouvements du cheval ; les épaules effacées et non pas reculées, la tête d'aplomb sur les épaules ; éviter que le menton ne se porte en avant, mouvement qui jette les épaules en arrière, et qui dans ce cas fait remonter les genoux ; les cuisses sur leur plat et bien tombantes ; fixer les genoux en cherchant à les baisser, les assurer en allongeant les jambes et baissant un peu les talons, en sorte que les muscles de l'intérieur de la cuisse puissent, en se contractant, fixer les parties qui doivent rester immobiles.

La tenue existe dans deux forces, celle de l'équilibre et celle de l'appui des cuisses et des genoux ; c'est pour cela qu'il sera essentiel, en plaçant l'homme à cheval, de lui faire ouvrir les cuisses, afin qu'il cherche son centre de gravité. Une fois le centre de gravité trouvé, il faut lui faire tourner les cuisses sur leur plat, et assurer les genoux comme je l'ai expliqué ci-dessus.

La souplesse des hanches est très essentielle ; car c'est elle qui établit et maintien l'équilibre en permettant au corps de prendre, selon la position du cheval, une attitude qui lui fait conserver son centre de gravité. C'est pour cela qu'au repos, ou lorsque le cheval marche droit, il ne faut pas plus déterminer le corps en avant qu'il ne faut le placer en arrière, et qu'il est urgent d'attendre, pour céder à une de ces deux impulsions, que le cheval fasse des mouvements qui engagent le corps à marquer une opposition, propre à le maintenir en équilibre.

C'est cette souplesse, jointe à la fixité des cuisses et des genoux, qui constitue la tenue. Mais généralement une grande tenue s'acquiert plus par le liant, la souplesse et l'équilibre que par la force des points d'appui, qui diminuent toujours en raison de la fatigue qu'on éprouve.

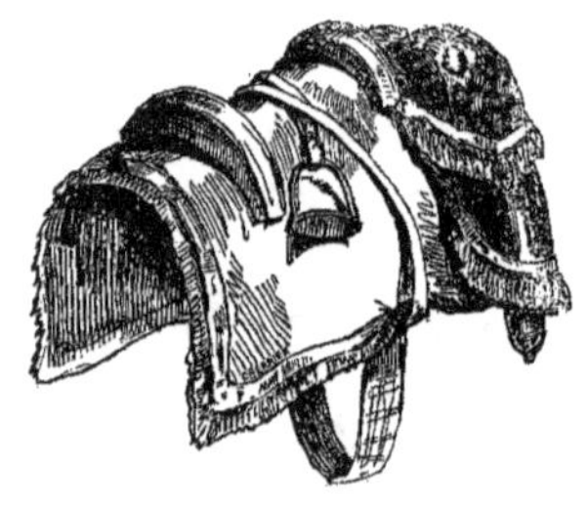

POSITION DES MAINS.

LE CHEVAL EN BRIDON.

Il existe deux manières de tenir le bridon.

La première consiste à prendre les rênes à pleines mains, du côté du petit doigt, et en les fixant entre le pouce et l'index, en sorte que ce soit l'index qui sente l'effet du mors (1) ; les ongles seront en dessous , et les pouces vis-à-vis l'un de l'autre.

Dans la seconde manière on tient les rênes du bridon de même à pleines mains, en les faisant ressortir du côté du pouce ; dans ce cas c'est le petit doigt qui sent l'effet du mors.

Dans l'un et l'autre cas les bras doivent être libres, les coudes tombant sur les hanches sans les serrer, les saignées pliées de manière à ce que les mains soient à trois ou quatre pouces de l'encolure, un peu en avant du pommeau de la selle ; en marchant droit, les rênes couleront légèrement des deux côtés de l'encolure ; les mains seront fixées et assurées de manière à donner un léger point d'appui à la bouche.

(1) J'entends par mors le filet ou bridon qui porte dans la bouche.

Lorsque l'on voudra tourner, on ouvrira moelleusement le bras du côté indiqué en écartant un peu la rêne ; on aura soin de laisser l'autre main dans la même position, et on l'assurera, en sorte que le cheval, en tournant dans un sens , soit toujours maintenu du côté opposé.

POSITION DE LA MAIN.

LE CHEVAL EN BRIDE.

Quand le cheval est en bride, les deux rênes se tiennent dans la même main ; dans la main gauche quand le cheval marche à la droite, et dans la main droite, lorsqu'il est à gauche.

La bride étant dans la main gauche, les rênes sont séparées par le petit doigt, la rêne gauche en dessous. Les doigts doivent être fermés pour qu'elles restent égales, et elles sortent entre l'index et le pouce qui doit être bien appuyé dessus, afin de contribuer à les maintenir justes.

Lorsqu'on les tient dans la main droite, on les prend à pleine main, le bouton sortant en dessous, c'est à dire du côté du petit doigt.

Les rênes étant égales, voulant marcher droit, la main sera placée au dessus de l'encolure. Lorsqu'on désirera changer la direction, la main se portera dans la nouvelle direction qu'on voudra suivre ; si l'on veut arrêter on l'enlèvera devant soi, jusqu'à ce que le cheval reste en place, en ayant soin de ne plus faire agir les jambes; pour reculer, on élevera la main jusqu'à ce qu'il rétrograde; aussitôt qu'il se portera en arrière, pour qu'il ne recule pas avec trop de précipitation, on diminuera l'effet du mors en baissant la main.

DEUXIÈME SECTION.

HAUTE ÉCOLE.

D'après ce que nous venons d'indiquer pour la première année, on verra que c'est un travail purement mécanique. Je pense qu'il doit être pratiqué ainsi, car avant de s'occuper d'un travail raisonné, il faut d'abord donner à l'élève une tenue et une habitude qui le mettent dans le cas de comprendre avec fruit la haute école.

En intervertissant cet ordre, on se donnera beaucoup de peine pour n'atteindre aucun but. Quelque simple que soit ce travail, il ne pourra être apprécié que par des élèves qui, ayant déjà monté à cheval, seront à même de comprendre un travail de perfection qui leur servira à conduire leurs chevaux avec plus de justesse, à en tirer le meilleur parti et à acquérir en même temps de l'aisance et de la grâce.

Le travail de la haute école fait connaître d'une manière précise et détaillée les moyens à employer pour savoir, exiger avec discernement et obtenir d'un cheval dressé ce qui peut tendre à sa conservation en même temps qu'à la sûreté du cavalier. Lorsqu'ils auront suivi un travail de cette nature, les élèves devront se trouver aptes à appliquer sur les jeunes chevaux les procédés dont ils auront usé sur les chevaux faits.

On doit rechercher dans un cheval de service :

1º Qu'il marche droit et d'aplomb, afin que le cavalier soit placé dessus commodément ;

2° Qu'il soit franc, souple et liant, afin qu'identifié en quelque sorte avec l'homme il comprenne toutes ses volontés.

Pour atteindre ces deux points, qui sont le fond de toutes les équitations, il est essentiel d'employer les moyens les plus simples. C'est dans un manége que l'on pourra les comprendre plus promptement, et c'est là aussi qu'on pourra plus facilement soumettre un cheval à l'obéissance. La régularité du travail, les changements continuels de direction, présentent le double avantage de former en même temps l'éducation de l'élève et celle du jeune cheval.

Les reprises du manége, ainsi qu'elles sont établies, et lorsqu'elles sont exécutées avec connaissance de cause, donnent à l'élève tous les moyens de faire obéir un cheval dans l'usage habituel.

Dans la haute école on doit s'attacher à démontrer par quels effets un cheval agit de telle ou telle façon, et l'on fera sentir l'accord qui doit exister entre ces effets pour qu'ils soient en harmonie. Il sera donc nécessaire dans le principe de faire beaucoup marcher au pas pour que l'élève, ayant une position plus assurée à cette allure, puisse apprendre plus aisément les effets que produisent les mains et les jambes, qui sont les seuls moteurs.

PRINCIPES GÉNÉRAUX.

Les jambes par leur position agissent sur les parties postérieures du cheval, et tendent à le porter en avant. La main au contraire, qui tient la bride, agit sur les parties antérieures et sert à l'arrêter et à le diriger. C'est donc au moyen de l'accord de la main et des jambes que l'on détermine, règle, change ou arrête les diverses allures.

C'est par des poids égaux qu'on maintient l'équilibre, comme c'est par des poids différents qu'on fait pencher un objet plus d'un côté que de l'autre. Quand un corps quelconque sent une résistance vers un point, il cède en se portant du côté opposé. Ce raisonnement nous amènera à expliquer l'action des jambes sur le corps du cheval, comme celle de la bride et du mors sur l'encolure et la bouche.

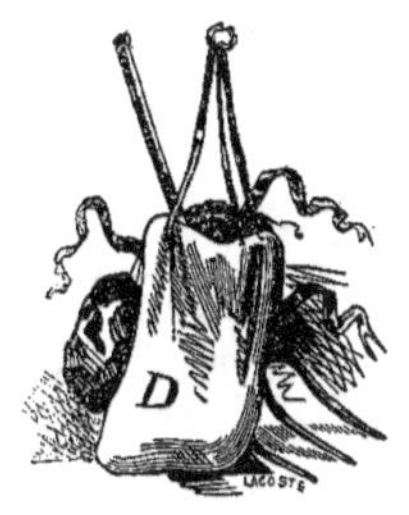

ACTION DU MORS, EFFET DES RÊNES.

Le mors sert à arrêter, à faire reculer et à porter le cheval à droite ou à gauche ; en basculant il marque sur les barres une pression à laquelle le cheval cède ; c'est ce qui le fait reculer. Il est donc essentiel, lorsque vous voulez, sans reculer, tourner dans une direction quelconque, de faire agir les rênes de manière à ce que le mors ne bascule pas.

Chaque rêne agit de trois façons sur la bouche : la première est celle dont nous avons parlé, qui tend à faire reculer le cheval en tirant également en arrière sur les branches du mors ; la deuxième est la pression sur l'encolure et sur un côté de la bouche, qui fait que, sentant une résistance de ce côté, le cheval fuit cette pression et tourne du côté opposé ; la troisième est l'ouverture de cette rêne, qui en s'écartant agit sur toute la bouche, et établit un mouvement d'attraction auquel la tête cède pour aller du côté où elle est attirée. Ainsi il est possible avec une seule rêne de diriger un cheval, c'est à dire de le porter à droite ou à gauche, l'arrêter ou le faire reculer.

Ce principe posé, nous voyons que les rênes étant égales et n'agissant pas plus l'une que l'autre, la partie antérieure étant maintenue entre deux forces d'un même poids restera droite ; comme en tirant dessus si l'on marque un point d'appui plus fort sur une barre que sur l'autre, fuyant plutôt la pression la plus forte, il y cédera en reculant de travers.

EFFET DES JAMBES.

Les jambes servent à mettre un cheval en mouvement. Elles contiennent l'arrière-main , ou lui donnent une direction quelconque ; elles agissent sur cette partie comme les rênes sur la bouche et l'encolure, c'est à dire que, lorsqu'elles tomberont également près des aides, elles maintiendront droite l'arrière - main ; mais si au contraire une jambe offre plus de résistance que l'autre, l'arrière-main cédant à cette pression fuira du côté opposé.

Ainsi, par exemple, la jambe droite agissant sur ce côté fera fuir les hanches de droite à gauche, et par conséquent fera marcher le côté gauche le premier, comme la jambe gauche produira l'effet contraire.

RÉSUMÉ.

D'après l'explication que je viens de donner de l'action des différents moteurs qui mettent le cheval en mouvement et le soumettent aux volontés de l'homme, nous voyons que sur un point l'action de la main est totalement opposée à celle des jambes, puisque la main sert à arrêter ou reculer, comme les jambes portent en avant, tandis que la pression séparée des jambes exerce sur les aides une sensation semblable à l'appui de la rêne sur l'encolure et la branche du mors.

Pour travailler un cheval il faut savoir juger et connaître ces différents effets, afin de ne pas les faire agir d'une manière contradictoire et de faire accorder ceux qui sont en rapport.

Cet accord bien entendu des mains et des jambes renferme tout l'art de l'équitation, et le bon écuyer se reconnaît à la précision et à la justesse qu'il met dans ce travail.

La manière d'atteindre plus promptement ce but, c'est d'être bien fixé à cheval : c'est pour cela que j'ai pensé qu'il fallait commencer la basse école comme je l'ai indiqué. Lorsque l'assiette est solide, on devient maître de ses bras et de ses jambes; alors on est en état de comprendre leurs effets, chose impossible lorsque le corps manquant d'aplomb, on est obligé de prendre brusquement et au hasard des points d'appui qui surprennent le cheval, le désordonnent et l'éloignent de l'obéissance.

Afin de sentir l'accord des mains et des jambes, je pense que les principes doivent être clairement décomposés. Nous diviserons ce travail en trois leçons, qui traiteront spécialement et applicativement,

1° Des effets du mors et de la bride ;

2° De l'effet des jambes ;

3° De l'accord de ces divers effets.

PREMIÈRE LEÇON.

Pour que des réactions trop fortes n'empêchent pas de concevoir la leçon, et pour que le cheval recevant des impressions moins dures y réponde plus facilement, on marchera au pas, les jambes tombant également assez près des aides pour maintenir l'arrière-main. Les rênes devront être tenues très longues, afin que dans les à droite et les à gauche qu'on fera exécuter une seule rêne agisse à la fois.

Les mains seront placées très en avant; on évitera par là que l'élève en tirant sur la bride ne fasse un mouvement faux qui ferait reculer le cheval.

Les élèves marchant à la main droite, on fera exécuter les à droite de deux manières : premièrement en faisant porter la main à droite, ce qui fera tourner le cheval à droite, par la pression de la rêne gauche sur l'encolure ; secondement par l'ouverture de la rêne droite avec la main droite qui, tirant la tête à droite, fera tourner le cheval de ce côté. Dans ce mouvement le cheval tournera d'une manière diffé-rente, car l'ouverture de la rêne fera sentir un appui sur la barre droite ; cette première pression attirera la tête en arrière. Lorsque la tête sera tournée, la continuité de ce mouvement agira alors sur toute la bouche, et la dernière sensation portant sur le côté gauche, le che-val tournera à droite pour fuir l'appui qui lui viendra du côté op-posé à celui où l'on veut tourner. Dans ce cas il faut ouvrir franchement la rêne, et faire faire le moins possible la bascule au mors ; car en agissant différemment le cheval reculerait.

Dans ce dernier mouvement la main gauche restera placée au dessus de l'encolure, pendant que la main droite agira sur la rêne droite.

Lorsque ce travail sera compris à main droite, on fera un changement de main pour exécuter cette leçon sur le côté opposé.

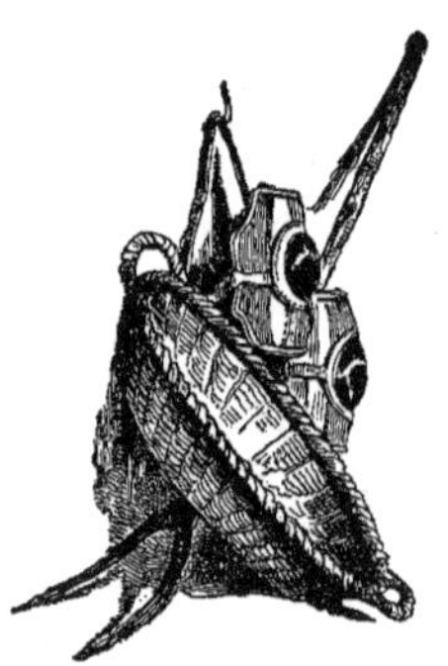

DEUXIÈME LEÇON.

Quand le travail des rênes séparées sera familier aux élèves, on fera exécuter celui des deux rênes s'accordant ensemble. On répétera les à droite en faisant agir en même temps la rêne gauche par la pression, et la droite par son ouverture. Ce travail, plus facile, sera bientôt saisi et procurera l'avantage de connaître les deux moyens qui, différant dans leur application, conduisent néanmoins au même but, et, agissant d'accord, rendent le mouvement et plus prompt et plus facile.

Les deux rênes opérant ensemble provoquent dans la bouche du cheval un travail qui lui fait goûter le mors et lui en rend la sensation moins désagréable ; ce qui tend à lui assouplir l'avant-main. Les rênes se contre-balançant ainsi dans leur action servent naturellement à atténuer des pressions ou des mouvements qui sont souvent trop brusques dans l'action d'une seule rêne.

Cet accord est fort essentiel à bien concevoir pour rendre un jeune cheval obéissant aux effets de la bride : on ne saurait trop le faire répéter sur les chevaux d'école.

Lorsque le cheval sera mis en mouvement entre la puissance égale des deux rênes, il marchera droit ; dès qu'il y aura inégalité dans leur effet, il changera de direction et tournera jusqu'à ce que les deux rênes se trouvent d'accord ; ainsi il suffit pour marcher vers un point de porter la main dans cette direction ; tant que le cheval ne sera point arrivé vis à vis, les rênes seront inégales; mais aussitôt que son encolure sera arrivée sous la main, les rênes cessant d'agir inégalement, le maintiendront dans la direction où la main s'était d'abord portée.

Il est bon quelquefois pour soulager et adoucir la bouche de se servir du *filet* ou *bridon*, dont l'action porte sur les lèvres. C'est au moyen de ce filet qu'on apprend au cheval à connaître insensiblement les effets plus précis des rênes de la bride, et qu'on soulage encore les barres de la pression trop continuelle du mors; mais il faut dans le dernier cas, lorsqu'on se sert du filet, ne plus faire agir la bride, et suspendre de même l'effet du filet lorsque le mors reprend son action.

RÉSUMÉ.

Chaque rêne, comme je viens de l'expliquer, a trois actions : de porter à droite, à gauche et de faire reculer. On conçoit que lorsque la rêne gauche tire sur le mors, le côté gauche de la bouche éprouvant une sensation plus forte que le côté droit, la tête en reculant se portera plus à gauche, ce qui contribuera à reculer l'épaule gauche plus que la droite ; je désignerai cette action par ces mots, *sentir la rêne*, ou *tirer la rêne à soi*. La pression d'une rêne sur l'encolure, lorsqu'elle n'est pas assez forte pour faire tourner le cheval, s'appelle *maintenir la rêne*, son écartement *ouvrir la rêne*. Ces trois effets ont été expliqués ci-dessus.

TROISIÈME LEÇON.

CHANGEMENT DE DIRECTION PAR LES JAMBES.

Quand les divers effets du mors seront compris on s'occupera de faire agir les jambes séparément ; dans ce cas la main restera fixe, les rênes seront égales afin d'arrêter et de maintenir droit le cheval dans l'avant-main. On fera suivre les murs en faisant fermer alternativement l'une et l'autre jambe, soit en dedans, soit en dehors. Ces mouvements exécutés, on fera des à droite et des à gauche par les jambes. La main restera fixe, afin de ne donner aucune direction aux épaules, et pour que le mouvement qu'on fait opérer au cheval ne vienne que des jambes, la main assurée pour que le cheval ne se porte pas en avant; car si elle ne l'arrêtait pas, la jambe, qui agirait indépendamment du mouvement qu'elle imprimerait aux hanches du côté opposé à son action, porterait encore le cheval en avant, ce qu'il faut éviter.

Ainsi pour faire un à droite la main arrêtera le cheval, et la jambe droite seule agissant poussera les hanches à gauche, ce qui fera exéc uter le mouvement; arrivé dans la direction voulue, en cessant d'agir, le cheval cessera de remuer.

Il est essentiel de faire concevoir la différence des à droite et des à gauche obtenus par la main, et ceux obtenus par les jambes. Dans le premier cas les jambes soutiennent le cheval et agissent de manière à l'empêcher de reculer, ou bien le portent un peu en avant, puisque le mouvement vient de l'avant-main; dans le second au contraire, comme la résistance vient de la main qui arrête et contient, il tourne en reculant un peu, puisque c'est l'arrière-main qui marche la première.

Il faudra étudier la différence de ces deux actions afin d'en coordonner plus tard les effets, et de concevoir dans les divers mouvements qu'on pourra exécuter que, si le cheval recule plus qu'il ne doit, c'est que la main agit trop et que les jambes ne maintiennent pas assez; comme aussi, s'il avance trop, c'est que les jambes exercent trop de pression et que la main n'est plus assez assurée.

C'est en faisant marcher sur les pas de côté, la tête au mur, qu'on fera sentir l'accord des jambes et qu'on jugera de leur véritable action. En appuyant de gauche à droite, on sentira qu'il est impossible qu'il exécute ce mouvement si la jambe gauche n'agit pas afin de pousser le cheval à droite; dans ce cas, on sait que la hanche droite marchera la première, et cela par l'action de la jambe gauche. Si le cheval fuyant trop la pression de gauche allait trop vite, on diminuerait cette pression en opposant celle de droite afin de le ralentir.

On verra par ce travail que l'arrière-main maintenue entre deux poids ou deux pressions fuira la plus forte, et que lorsqu'elles deviendront égales elle s'arrêtera. Il arrive que, les jambes agissant avec trop de force, l'arrière-main marche avec trop de précipitation et cesse d'être en arrière des épaules. Il faut alors diminuer l'action des jambes et faire agir la main comme il a été enseigné pour mettre alors les épaules sur la même ligne que les hanches.

Nous voyons, d'après ces exemples, que c'est par le poids et les pressions des mains et des jambes qu'on fait agir un cheval dans toutes les directions. Les poids égaux le maintiennent droit ; les poids inégaux le font varier dans ses mouvements. Il est donc nécessaire de connaître l'accord qui doit toujours exister entre les mains et les jambes.

Une posture fixe et aisée y contribuera aussi pour assurer la tenue du cavalier, et afin que le cheval ne reçoive pas avec crainte ou par à coup les divers effets des mains et des jambes, il faut s'identifier tellement avec ce dernier que tous les moteurs soient en contact direct avec les parties sur lesquelles ils agissent.

De cette façon les points d'appui, les pressions plus ou moins fortes qu'on emploiera pour le faire agir, arrivant par degrés, le cheval les recevra avec d'autant plus de confiance qu'ils seront exercés en raison de sa sensibilité, ce qui cesserait d'arriver si ces moteurs étaient hors du contact qu'ils doivent avoir.

Nous voyons par là que le contact est doublement nécessaire, indispensable même ; car s'il sert à donner de la confiance au cheval en le prévenant insensiblement des désirs de son maître, celui-ci devine également les intentions du cheval, soit qu'il veuille se défendre ou seulement se déranger.

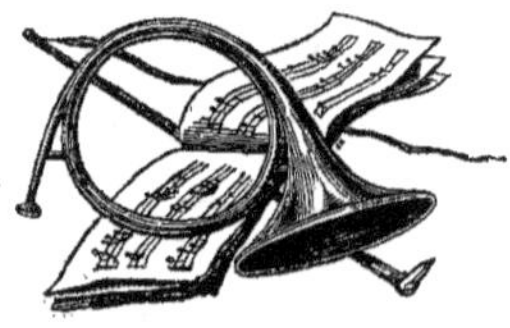

APLOMB DU CHEVAL.

ACCORD DES MAINS ET DES JAMBES.

MOYENS DE RECTIFIER CET APLOMB.

Lorsque le cheval est au repos, les membres portant un poids égal (fig. 3), pour qu'il se mette en mouvement il faut qu'il y ait inégalité dans les appuis.

Que l'on veuille avancer ou reculer, la partie qui poussera la masse tendra toujours, par son action, à surcharger celle qui marche la première.

La main et les jambes doivent balancer leur appui et leur action, en raison du plus ou du moins de rapidité des allures, en sorte que, raccourci ou allongé, le cheval trouve un soutien qui le tienne le plus possible en équilibre.

Lorsqu'on veut arrêter, il faut contrebalancer l'action qui soutient avec celle qui pousse; et une fois remis dans une position où les membres sont également chargés, le cavalier cessant d'agir, le cheval cessera de remuer.

Lorsque vous reculez, la main poussant les épaules sur les hanches, 'arrière-main plus chargée cherche un autre aplomb et le trouve en reculant ; dès que vous voulez cesser de rétrograder, la main cessant d'agir, les jambes soutenant les hanches et les poussant sur les épaules, vous rétablirez l'équilibre qui le tiendra au repos.

Si vous voulez aller en avant, les jambes portant l'arrière-main sur les épaules, cette dernière partie étant plus chargée cherchera un appui sur le mors. C'est ce soutien fixe mais léger qu'on laisse prendre sur le mors qui s'appelle mettre un cheval dans la main ; plus la tête se place perpendiculairement, mieux il est dans la main, parce que, le mors ayant alors toute son action, on peut plus promptement le soumettre à l'obéissance, régler et équilibrer ses allures, enfin établir entre la main de l'homme et la bouche du cheval une sorte de langage muet, qui fait que souvent ce dernier semble deviner les intentions du cavalier.

Quand un cheval est fixé dans la main, il recherche l'appui du mors ; il se croit abandonné dès qu'il cesse de le sentir ; alors il tend le nez ; ses allures se décousent ; il marche de travers ; il semble enfin qu'il ne puisse aller sans l'aide de cet appui, qui est pour lui un gouvernail qui dirige, règle ses mouvements, et maintient son aplomb.

L'accord des mains et des jambes n'existe que lorsque les divers moteurs se prêtent un mutuel secours, c'est à dire que quand l'un agit l'autre doit soutenir : celui qui agit se fait sentir le premier au cheval, l'autre ne sert qu'à contrebalancer cette action ; aussi sa résistance n'augmente-t-elle qu'en raison de la force de celui qui agit et de la masse qu'il a à supporter. Ainsi lorsque l'on veut pousser un cheval en avant, les jambes agissent et la main soutient ; si l'on veut l'asseoir ou le faire reculer, la main agit et les jambes soutiennent.

Cet accord est aussi nécessaire dans le travail des deux rênes ou des deux jambes. Quand une rêne agit l'autre doit soutenir; de même quand un cheval est en bridon , et qu'on veut le tourner à droite, il faut tirer la rêne droite pour l'entraîner de ce côté , tandis que la rêne gauche doit marquer une résistance pour soutenir le cheval et l'empêcher de tourner à droite avec trop de précipitation. (1)

Il en est de même pour les jambes : quand la jambe gauche se ferme pour agir, la jambe droite doit se fermer pour offrir une résistance qui soutienne le cheval , règle, ralentisse , ou rectifie l'action de la jambe gauche. Ce soutien est plus ou moins fort en raison du mouvement qu'on veut exécuter.

Le moteur qui agit devant se fait sentir le premier , il est facile de comprendre que son action sur le cheval détruisant son équilibre , et portant sa masse sur le moteur qui soutient, ce dernier a souvent besoin pour soutenir le poids qui lui arrive d'une résistance plus forte que celle du premier moteur ; en effet, plus vous asseyez un cheval , plus l'arrière-main aura à supporter la charge des épaules ; dans ce cas les jambes devront augmenter d'action pour soutenir ou repousser la masse , comme lorsque les jambes pousseront d'abord le cheval en avant , les épaules alors ayant à supporter une pesanteur plus grande, la bride devra présenter un appui plus fort.

Ainsi plus un cheval sera assis, plus il aura la bouche belle et plus

(1) Cette action se fait sentir également lorsqu'on tient la bride dans une seule main; lorsque les rênes sont fines et la main assurée, leur action se contrebalance de même. Du reste chaque rêne peut agir de deux manières différentes, la même rêne peut rectifier dans un sens l'action trop forte de l'autre.

Cette nécessité de soutenir le côté opposé à l'action s'applique aussi aux chevaux d'attelage.

les jambes devront agir; plus il sera sur les épaules, plus le point d'appui sur la main sera grand.

Cette explication pourra paraître étrange, parce que jamais elle n'a été démontrée.

On croit généralement que pour asseoir un cheval, ou le pousser en avant, il faut employer exactement les moyens opposés à ceux que j'indique.

Cependant toutes les personnes qui s'occupent de courses savent que plus on tire sur la bouche d'un cheval, et plus il a de rapidité (fig. 4); cela vient de ce qu'à mesure qu'on lui présente un appui sur l'avant-main, l'arrière-main se déploie et porte sa masse en avant, puisqu'elle trouve de ce côté une résistance qui assure son équilibre; car si, dans la position en avant où se trouve un cheval de course, il n'était pas fortement soutenu, il tomberait ou s'arrêterait; ce qui peut arriver lorsqu'étant déployé dans une grande vitesse le jokei n'a plus la force de donner à la bouche l'appui dont elle a besoin pour soutenir la masse.

Dans le cas contraire, pour asseoir un cheval à mesure que la main porte les parties antérieures sur l'arrière-main, il faut que les jambes présentent une résistance qui supporte cette nouvelle pesanteur (fig. 5). Ce mouvement doit se faire insensiblement afin de ne pas porter en arrière une portion trop lourde pour la force des jambes; car dans ce cas n'ayant plus assez de puissance pour maintenir l'équilibre de ce côté, il se renverserait.

Dans le premier cas, ce sont les jambes qui agissent et les mains qui soutiennent; dans le second cas, le contraire arrive.

L'ensemble de l'emploi des moyens s'appelle l'accord des mains et des jambes. Une fois que l'on possède les moyens de soumettre un cheval à l'obéissance, ce qu'il faut rechercher avec soin, c'est surtout la conservation du cheval en même temps qu'on assure l'agrément, la commodité et la sûreté du cavalier. C'est en mettant un cheval d'aplomb et en réglant ses allures qu'on obtiendra ces différents avantages.

RÉSUMÉ.

La manière dont l'encolure est sortie et la tête attachée nous fait voir, chez le cheval libre, que dans l'inaction, moment où il est dans un aplomb parfait, sa tête se trouve perpendiculairement placée. Cette position, qui certes est bien naturelle, doit nous servir de règle et nous prouver que, dès que la tête perdra cette position, l'équilibre n'existera plus. Aussi devons-nous, sur le cheval que nous montons et que nous voulons maintenir en équilibre, rapprocher le plus possible la tête de cette perpendiculaire, puisque nous avons la certitude que plus nous en serons près, plus le cheval sera près de son aplomb; et si dans la marche la tête s'éloigne dans un sens quelconque de la perpendiculaire, nous aurons la certitude alors que la partie la plus chargée n'aura pas trouvé dans les aides du cavalier un soutien assez puissant.

Lorsqu'un cheval porte trop sur les parties antérieures, on dit qu'il est sur les épaules. Quand, au contraire, il porte davantage sur l'arrière-main, il est trop assis; l'inégalité de force ou de souplesse entre ces parties produit l'un et l'autre effet.

Plusieurs raisons tendent à faire sortir un cheval de son équilibre, et à dérégler ses allures. Quelquefois ce n'est que par la position du cavalier et la manière inégale et brusque dont il travaille ; souvent aussi la cause en est dans une construction vicieuse du cheval, ou dans de mauvaises habitudes. Il faut s'attacher à discerner ces causes afin d'user des moyens propres à y remédier.

Le cheval une fois enfermé entre les forces des mains et des jambes, qui représentent des poids et des appuis, il suffit pour le mettre en équilibre de savoir donner à ces moteurs une action plus ou moins pesante, afin de contre-balancer ces mauvaises dispositions.

On sent qu'étant près de son cheval on obtiendra plus promptement un bon résultat, puisque les pressions pouvant se faire insensiblement, on les exercera par degré jusqu'au point qui fera effet ; tandis qu'au contraire arrivant par à-coups, indépendamment de la surprise, elles pourraient être trop fortes ; ce qui détruirait entièrement le but qu'on voudrait atteindre.

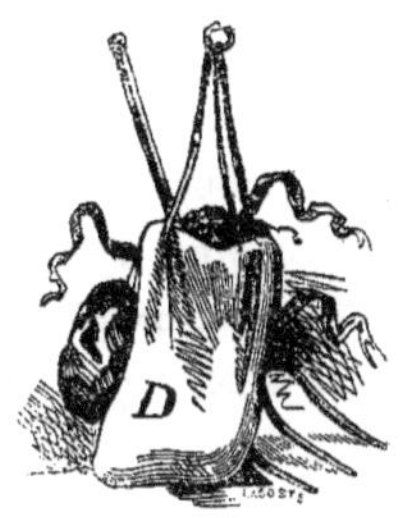

DES CAUSES

QUI PORTENT UN CHEVAL SUR L'AVANT-MAIN.

1° Lorsque l'encolure est lourde et peu souple, que la tête est mal attachée et pesante, leur poids en s'éloignant du centre de gravité surchargera les épaules.

2° Lorsque la liberté et la force de l'avant-main seront inférieures à celles de l'arrière-main, l'action d'une force plus grande tendra encore à surcharger la plus faible.

3° Enfin, lorsqu'une grande raideur dans les hanches et les jarrets, raideur produite souvent dans cette dernière partie par différentes tares, ne permettra pas à l'arrière-main de s'assouplir pour établir l'équilibre, les épaules auront encore à supporter une pesanteur plus forte. (1)

Dans ces trois cas nous voyons que le devant aurait à supporter

(1) Un cheval porte aussi sur l'avant-main lorsqu'il a les pieds sensibles.

l'arrière-main , et il est aisé de sentir que le cheval sortant de son aplomb naturel cherchera pour maintenir (1) son équilibre un secours étranger ; et comme c'est la bride qui maintient les parties antérieures et les dirige , il s'appuiera nécessairement sur le mors.

Il faudra rechercher alors les moyens les plus propres à le mettre dans un équilibre naturel.

(1) *Voyez* page 42 , Position de la tête du cheval portant sur l'avant-main.

POSITION

DE LA TÊTE DU CHEVAL PORTANT SUR L'AVANT-MAIN,

ET CONSÉQUENCES DU CHAPITRE PRÉCÉDENT.

Dans le premier cas la tête s'appuiera sur le mors, et en raison de sa pesanteur ou de la souplesse de son encolure, le cheval s'encapuchonnera plus ou moins (fig. 6 et 7).

Dans le second, la tête pourra bien être placée plus perpendiculairement, mais l'appui sur la main sera toujours très fort (fig. 8).

Dans le troisième, craignant que le mors n'agisse avec trop de force sur l'arrière-main, il portera au vent afin de diminuer l'effet de la bride, qui n'a une bonne action que lorsque la tête est placée perpendiculairement (fig. 9).

Dans ce dernier cas la bouche est ordinairement moins forte que dans les deux autres ; il y a plus d'incertitude dans ses appuis ; et comme c'est toujours la souffrance de l'arrière - main qui provoque cette disposition, si l'on n'agit pas avec dureté, on peut avec le travail ramener la tête à sa place. Si l'on employait, au contraire, trop de force pour essayer de la ramener, le cheval éprouvant sur l'arrière-main une sujétion qui lui deviendrait insupportable, se porterait en avant, et alors s'appuierait sur le mors avec tant de force que le cavalier n'en serait plus le maître.

RÉSUMÉ.

Dans les deux premières hypothèses, il faut éviter que le cheval ne prenne un trop fort appui sur le mors. Pour atteindre ce but, il faut de temps en temps faire agir la main avec assez de force pour rejeter sur le derrière le poids qui tend à se porter en avant, et rendre aussitôt la main, afin que le cheval, ne trouvant plus de soutien par devant, soit forcé de faire supporter aux hanches le poids qu'il aurait porté sur les épaules, si ces dernières avaient été trop soutenues. On conçoit que dans ce cas il faut se servir de ses jambes pour les offrir comme soutiens à l'arrière-main. Lorsque la tête perd la position perpendiculaire que le travail ci-dessus à dû lui donner, et qu'alors l'aplomb n'existe plus, c'est à dire que les pesanteurs se déplacent, et que les épaules se surchargent, on recommence ce travail jusqu'à ce que l'on sente qu'il se maintient bien sur les hanches ; alors on assure la main bien légèrement afin de fixer la tête dans une bonne position, de régler le mouvement des épaules et de diriger le cheval en ayant tou-

jours soin de marquer des temps d'arrêt très forts, et de rendre aussitôt
que l'on sent que le cheval cherche à se porter sur les épaules.

Dans le dernier cas, il faut baisser la main afin de ramener la tête,
et offrir à la bouche un point d'appui fixe , qui engagera le cheval à
s'appuyer dessus , et léger, afin de ne point exciter la sensibilité de
l'arrière-main.

DES RAISONS

QUI PORTENT UN CHEVAL SUR L'ARRIÈRE-MAIN.

1o Lorsque l'avant-main sera élevée, que les épaules seront libres, tandis que l'arrière-main sera faible, cette partie à son tour supportera la supériorité de l'avant-main, et se trouvant surchargée elle s'affaissera.

2° Quand les épaules seront raides mais élevées ; quand les hanches et les jarrets auront de la souplesse et de la flexibilité, ce qui tend à donner au cheval une allure raccourcie, il s'assiéra afin de régler les mouvements de son arrière-main sur ceux de l'avant-main.

Dans ces deux cas, nous voyons que le derrière supporte le devant. On sentira facilement que, pour garder son équilibre et assurer les parties qui supportent la masse, le cheval cherchera encore un point d'appui. Comme ce sont les jambes qui agissent sur l'arrière-main, elles devront servir à la maintenir, et, par leur action, elles contrebalanceront les effets trop violents du mors.

POSITION DE LA TÊTE.

LE CHEVAL SUR L'ARRIÈRE-MAIN.

CONSÉQUENCES DU CHAPITRE PRÉCÉDENT.

Dans le premier cas, le cheval étant assis, la tête se rapprochera de la perpendiculaire; mais cependant comme ce sera par faiblesse, et qu'il y aura par conséquent douleur dans l'arrière-main, il portera au vent afin de se soustraire à l'action trop sévère du mors, mais toujours en reculant sa tête ou en l'élevant. (Fig. 10.)

Dans le second cas, il la ramènera en la baissant un peu, afin de trouver un appui sur le mors pour soulager ses épaules ; cet appui sera plus ou moins fort en raison de la vigueur des hanches. (Fig. 11.)

RÉSUMÉ.

Dans les deux cas, la main droite doit rester fixe et légère, afin d'engager le cheval à se fixer dessus, et plus ou moins élevée en raison de la position de la tête.

La main haute tend à la soutenir et à l'élever; la main basse la fixe et la baisse.

RÉSUMÉ GÉNÉRAL.

Nous venons de voir les diverses manières dont un cheval sort de son aplomb. Nous savons que c'est par le secours des mains et des jambes que nous pouvons le rectifier, comme aussi nous pouvons porter un cheval ou sur les épaules ou sur les hanches, en nous servant pour maintenir son équilibre de la puissance de nos aides.

En raison de la manière de voir d'une nation, de ses usages et de ses besoins, l'équitation a pu varier. Ainsi l'Angleterre et l'Allemagne diffèrent dans leurs principes : les premiers s'occupent de courses et de chasse, et considèrent la vitesse comme première qualité. Ils usent, dans l'éducation des jeunes chevaux, des moyens propres à les pousser en avant ; aussi, généralement, les chevaux anglais sont-ils plus sur les épaules que sur les hanches (Fig. 12), et ont-ils par conséquent la bouche un peu ferme. Il résulte de cette éducation que le devant s'use plus tôt que le derrière.

Les Allemands, au contraire, travaillent spécialement dans les manéges et s'occupent particulièrement de l'équitation militaire. Ils tiennent à avoir des chevaux ralentis et maniables. Pour obtenir ce résultat ils les portent plus sur l'arrière-main que sur le devant (Fig. 13). Il arrive que les chevaux de ce pays ont tous des allures plus raccourcies, les mouvements de l'avant-main plus légers et la bouche très fine. Dans ce cas les jarrets s'usent plus tôt que les épaules, et les chevaux manquent toujours par l'arrière-main.

Nous devons rechercher dans notre équitation un intermédiaire, et faire en sorte de nous rapprocher des principes anglais, sans en adopter ce qu'ils ont de mauvais, de même que nous devons modifier le système allemand, qui est celui dont nous nous sommes le plus rapprochés.

Ce résultat sera d'autant plus facile à atteindre qu'il se rapproche plus de la nature.

DE L'EMBOUCHURE.

D'après les explications développées dans les chapitres précédents on sentira que chaque cheval doit être embouché en raison de sa construction et de sa disposition.

Le mors devant régler, arrêter et diriger les mouvements, est le principal agent qui sert à rétablir l'équilibre ; mais il faut ici consulter les causes qui font sortir un cheval de son aplomb, avant d'employer des embouchures plus ou moins dures.

Le mors servant à arrêter le cheval, contribue dans cette action à surcharger le derrière ; il est aisé de comprendre que plus l'arrière-main sera douloureuse, plus elle sera sensible à l'action du mors, et qu'alors celui-ci aura besoin de moins de dureté pour agir. Ainsi l'on voit qu'un cheval n'a pas la bouche légère seulement parce qu'il a les barres tranchantes et la barbe sensible. Il arrive encore que le cheval, faible de derrière, prend de l'appui à la main en se portant sur les épaules. Ce ne sera pas non plus par des embouchures dures que l'on parviendra à rétablir l'équilibre ; car plus on excitera la sensibilité de l'arrière-main, plus aussi, pour se soulager, le cheval se portera en avant. Il faut dans ce cas, pour l'assujettir et régler ses mouvements, user de même d'un mors assez doux pour ne point provoquer la souffrance de l'arrière-main.

Lorsqu'au contraire le cheval porte sur le devant, soit par la dureté de la bouche ou par la pesanteur des épaules ou de l'encolure, il faut alors user d'embouchures assez dures pour exciter la sensibilité, faire craindre la sujétion du mors, et avoir par là le moyen de reporter sur l'arrière-main l'excédant du poids qui charge le devant.

Je n'entrerai pas dans le détail minutieux de la confection du mors : trop de personnes ont écrit sur cette matière. Tout homme qui s'est un peu occupé de chevaux sait que plus les canons sont minces, la liberté de langue étroite et élevée, plus le mors sera dur ; que cette dureté augmentera par la longueur des branches, qui, offrant un levier plus long, ont une action plus grande, et qu'enfin on augmente encore cette dureté par des gourmettes à mailles saillantes; qu'au contraire plus les gourmettes sont plates, les canons gros, la liberté de langue basse et large, et les branches courtes, plus les embouchures sont douces. (Il m'est arrivé d'employer sur des chevaux dont la barbe était sensible des gourmettes en cuir; ce qui m'a parfaitement réussi.)

Une fois que l'on connaît les causes qui font sortir un cheval de son aplomb, il est aisé de lui choisir une embouchure qui lui convienne; mais surtout que l'on commence sur les jeunes chevaux à user du mors très doux, pour ménager la fraîcheur de la bouche, sauf à changer plus tard ces embouchures si elles ne font pas assez d'effet.

D'après la manière dont je conçois l'action du mors et des divers effets des rênes, je fais en général peu de cas des mors brisés et de ces inventions qui ne produisent guère que l'effet d'un bridon, ou qui n'agissent que partiellement dans la bouche du cheval.

Ces embouchures qui peuvent être applicables sur les carrossiers ou jeunes chevaux de selle, n'ont point un effet assez exact lorsqu'il s'agit de finir un cheval. Ce que l'on considère comme un avantage dans les mors dont les branches sont mobiles, c'est de pouvoir agir sur un côté de la bouche sans que l'autre en ressente d'effet. Ces avantages sont pour moi des inconvénients, parce que je considère comme essentielle la propriété, qu'offrent les mors fixes, de pouvoir assujettir la tête d'une manière positive, de même que je considère comme un très grand avantage que, lorsqu'on n'agit qu'avec une seule rêne, l'action qui est plus grande du côté de cette rêne puisse se prolonger et se faire sentir du côté opposé, parce qu'alors cette action d'un côté, trouvant un soutien dans le côté opposé, fait exécuter au cheval un mouvement plus assuré et plus juste.

(*Voyez le chapitre de l'action du mors dans la bouche du cheval et des effets des rênes.*)

DES ALLURES.

Le pas, le trot et le galop sont les trois allures qu'on doit exiger aujourd'hui d'un cheval de selle.

C'est par l'arrière-main que la masse se porte en avant; l'avant-main reçoit son action et se développe en raison de la plus ou moins grande extension des parties postérieures.

Les allures sont susceptibles d'augmentation et de diminution : ainsi on peut marcher le pas, le trot et le galop, d'aplomb ou assis, ou trop sur les épaules.

Les allures naturelles aux chevaux de selle sont le pas et le galop ; le trot n'est qu'une allure intermédiaire dont le cheval en liberté use peu ; elle ne lui sert qu'à passer du pas au galop, ou du galop au pas et au repos.

Nos habitudes et nos besoins nous ont fait rechercher l'allure du trot ; aussi nous attachons-nous à présent à prendre, pour la reproduction, les chevaux qui la marquent le mieux, comme aussi nous travaillons à la rendre familière à nos jeunes chevaux.

Dans le moyen âge cette allure ne ressemblait en rien à ce qu'elle est de nos jours. L'espèce des chevaux, la pesanteur des armures et l'usage n'en donnèrent pas l'idée ; le trot était un pas tride et cadencé qu'on appelait le *passage* ; cette allure, plus relevée que le pas, donnait du brillant aux destriers qu'on dressait pour les combats. Les règles de nos manéges, instituées d'après les besoins de la cavalerie de cette époque, ne font jamais mention du trot, et ne le désignent que sous ce nom de *passage* (1).

Ce n'est que depuis bien peu de temps que le trot allongé a été rangé au nombre des allures du cheval de selle ; il n'avait jamais été considéré que comme propre aux chevaux d'attelage. Cette idée avait été poussée si loin, qu'en France les postillons de chaise et d'attelage, qui étaient cependant montés sur des chevaux de trait, ne trottaient jamais ; tant l'usage avait de force et tant on trouvait incompatible cette allure avec la posture et la commodité du cavalier.

Il n'y a que très peu de temps que l'on a réformé dans les attelages à la française l'usage de mettre le porteur au galop ; mais en changeant l'allure on n'a pas permis aux cavaliers de remédier aux inconvénients produits par les réactions. Nous avons l'exemple que depuis ce changement plusieurs postillons ont été estropiés ou sont morts de la poitrine (2).

C'est de l'Angleterre que nous est venue cette allure allongée. Les

(1) Le *destrier* était le cheval de combat et ne servait qu'à cet usage ; aussi était-il dressé comme je l'indique. Les chevaliers hors de combat, ainsi que les femmes, avaient pour leurs courses le *palefroi* et la *haquenée*. Ces chevaux, d'une espèce différente, marchaient une allure rapide et mélangée de trot et de galop qu'on appelait le pas relevé. Cette espèce s'est conservée dans la Normandie, et est très utile aux cultivateurs de cette province.

(2) Cet ouvrage fut écrit en 1824, époque où nous avions encore dans les écuries du roi tous les attelages à la française ; le temps et la mode ont fait depuis sentir l'inconvénient que je signale.

Anglais, pour ouïr des avantages de la rapidité, sans ressentir les effets des réactions si fatigantes, ont imaginé, pour en user commodément, ce temps enlevé qui, en donnant le moyen de parer le contre-temps, permet au cavalier de conserver la finesse de ses aides, la fixité et la justesse de sa main; avantage qu'on ne peut obtenir lorsque s'abandonnant à des secousses violentes, le cavalier est souvent obligé de prendre sur sa main et sur ses aides, pour se maintenir, des points d'appui brusques et inégaux qui contribuent à dérégler le cheval.

Dans le pas et le trot, les jambes du cheval agissent diagonalement, c'est à dire que la jambe droite de derrière et la jambe gauche de devant supportent la masse tandis que les deux autres se meuvent pour se porter en avant. Dans le galop, au contraire, les jambes agissent transversalement, de façon que le poids est supporté mutuellement par chacun des côtés : ainsi, lorsque le cheval galope à droite, l'épaule droite se trouve en avant, et doit être suivie par la hanche droite; toute la partie gauche, qui est alors en arrière, supporte la masse jusqu'à ce qu'elle s'enlève à son tour, et rejette le poids sur le côté droit. Le plus ou moins de promptitude dans l'action des trois allures comme dans la régularité de leurs mouvements ainsi que dans l'extension de chaque membre augmente plus ou moins la vitesse du cheval.

DU PAS.

(Figure 14.)

Le pas est la plus lente des allures, aussi les jambes agissent-elles avec moins d'extension et de rapidité. Les pieds qui s'élèvent et s'appuient diagonalement se succèdent dans leurs appuis, de façon à laisser entendre quatre temps distincts pour chaque pas ; plus les battues sont égales plus cette allure est régulière.

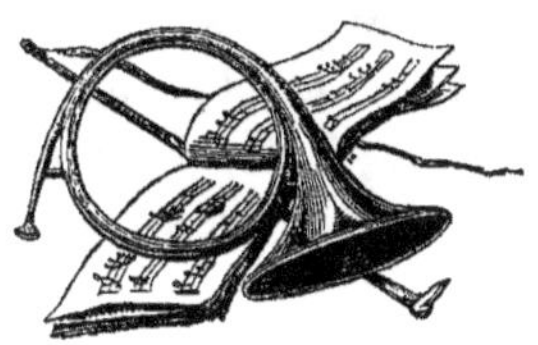

DU TROT.

(Figure 15.)

Dans le trot, les jambes suivent la même marche, avec cette différence que l'allure étant plus allongée et plus vive, les membres prennent alors plus de développement et les pieds se remplacent avec plus de promptitude.

Dans le trot comme dans le pas, le pied droit de devant et le gauche de derrière soutiennent le cheval tandis que les deux autres sont en l'air ; mais les jambes qui s'élèvent, au lieu de retomber l'une après l'autre comme dans le pas, tombent ensemble à terre, et ne font entendre par chaque temps de trot que deux battues ; la première marquée par le pied droit de devant et la jambe gauche de derrière, la seconde par les deux autres. Quand les battues se font entendre également l'allure est régulière ; il n'en est ainsi que lorsque chaque côté parcourt une même étendue de terrain.

DU GALOP.

(Figure 16.)

Dans le galop, les jambes marquent toujours leur appui diagonalement, mais elles agissent d'une manière différente : au lieu de
venir alternativement en avant comme dans le pas et le trot, un seul
côté agit toujours le premier; le cheval marche par des sauts répétés,
qui font qu'à chaque temps il quitte terre.

Il résulte de l'ordre dans lequel les jambes se meuvent que le
cheval marche toujours un peu de travers, puisqu'un côté est plus
avancé que l'autre, et que deux jambes ont à supporter pendant toute
la durée des temps du galop une plus grande partie de la masse.

Lorsqu'un cheval court à droite on conçoit que la jambe de devant
qui entame le terrain, étant la plus élevée et la plus avancée, aura
besoin pour conserver cette position de s'appuyer sur la jambe gauche
de devant; mais à son tour celle-ci restant en arrière contribuera à
reculer la partie gauche de l'arrière-main, et fera supporter à la jambe
droite de derrière, qui s'appuie à terre avec elle, l'excédent du poids
qui l'empêcherait d'agir. Le côté droit de derrière étant plus avancé ,

il est évident qu'il contribue plus que le gauche à pousser la masse en avant, puisque dans cette position il est plus près du centre de gravité et qu'il conserve cette position tant que dure le galop à cette main ; dans ce cas le jarret aura une flexion plus grande, et dans son extension il portera plus que le gauche la masse en avant; ce dernier aide soutient et maintient l'action du côté droit.

Quand le côté de l'arrière-main qui contribue le plus à porter la masse en avant se fatigue, le cheval cesse de le faire agir avec la même force, alors la partie qui était la plus reculée passe devant et remplit à son tour les fonctions de celle qui, ayant diminué son action, reste derrière. C'est ce qu'on remarque dans les chevaux qui ont de mauvais jarrets, et qui se désunissent à chaque instant pour soulager alternativement les parties souffrantes et trop chargées de leur arrière-main.

Il arrive encore que pour soulager l'arrière-main qui est plus chargée en raison de ce qu'on ralentit les allures, le cheval, pour se soustraire à une trop forte sujétion, se porte sur les épaules et delà sur la main, afin de reporter sur les parties antérieures une pesanteur qui surchargerait les parties postérieures. Dans ce cas l'allure devient plus allongée, et le cheval prend la position expliquée dans le chapitre : DE LA POSITION DU CHEVAL PORTANT SUR L'AVANT-MAIN (*Voyez* fig. 9); ou bien si la main rejette la masse en arrière, le cheval, pour éviter la sujétion, *se traversera,* c'est à dire fera tomber les hanches hors de la ligne des épaules (Fig. 17).

Nous voyons que plus le galop est raccourci, plus le cheval est assis, et qu'alors l'arrière-main en fléchissant, faisant élever le devant, le rend par conséquent plus léger. Ainsi, lorsqu'on veut augmenter l'allure, il faut nécessairement porter sur l'avant-main une portion du poids qui surcharge la partie postérieure, et l'empêche de se développer, en raison de la vitesse que l'on veut obtenir. Moins cette partie sera chargée, plus elle aura de force pour chasser le devant, qui alors se chargera à mesure que le derrière prendra de l'élévation.

Plus le galop se déploie, plus les jambes qui marchent derrière dans une allure raccourcie, comme dans la figure 13, se rapprochent de la ligne de celles qui entament le terrain (fig. 18); alors le poids se partage plus également, et dans la répétition des sauts qui marquent les temps de galop, les deux portions de la partie postérieure et de l'avant-main chassent ou reçoivent des poids presque égaux. Plus l'arrière-main chasse avec force, plus l'avant-main reçoit de pesanteur, et plus alors elle a besoin d'appui.

RÉSUMÉ.

En résumant les précédentes propositions, nous verrons que l'accord et la régularité dans l'action des jambes du cheval produisent des allures égales et franches. Des vices de construction, ainsi que l'habitude que prend un cheval de se servir plus d'un côté que de l'autre, amènent un déréglement dans les allures; c'est à l'écuyer à savoir discerner ces défauts et à travailler à les rectifier.

Nous avons déjà dit que l'aplomb du cheval cessait d'exister en raison de la souffrance : les allures sont irrégulières par les mêmes motifs ; car si le derrière pousse le cheval en avant, le devant a aussi à supporter, comme nous l'avons également dit, l'action de l'arrière-main. Il est donc nécessaire qu'il y ait rapport dans la force de ces deux parties, pour que les allures soient franches et rapides : ainsi, quelque force que puisse avoir un cheval dans l'arrière-main, il manquera de vitesse si son devant est faible ; la vitesse manquera de même dans le cas contraire.

Les chevaux étant doués de forces plus ou moins grandes, ils sont aussi susceptibles de plus ou de moins de célérité.

Ce qu'il faut rechercher en raison des différences de chevaux, c'est d'accorder leurs moyens, de balancer leurs forces et leurs faiblesses, et de faire supporter aux parties qui sont le plus en état un excédant de poids qui établira l'aplomb et donnera au cheval une liberté qui facilitera ses mouvements. Les mains et les jambes du cavalier sont employées pour conserver cet équilibre et soutenir les parties qui ont besoin de leur secours.

DES MOYENS D'EXIGER LES ALLURES.

EXPLICATION PRÉLIMINAIRE.

Au nombre des explications que j'ai données jusqu'à présent, j'ai parlé de l'action différente de chaque moteur. J'ai démontré que l'action des moteurs de l'arrière-main se contre-balançait avec celle des moteurs de l'avant-main, comme j'ai expliqué aussi que les deux rênes dans leur travail respectif, ainsi que les deux jambes, devaient se prêter un mutuel secours. Lorsque chacun de ces moteurs n'a pas une action égale, je définis ainsi leurs diverses fonctions : le moteur qui agit et celui qui soutient. Le côté agissant est celui qui détermine le mouvement, c'est à dire celui qui pousse la masse dont il est chargé dans une direction quelconque, tandis que celui qui soutient n'a d'action que pour recevoir cette pesanteur et la maintenir. Il est aisé de sentir que plus le moteur qui agit poussera vers un point, plus celui qui soutient aura à supporter.

Ainsi, lorsque la bride porte le poids des épaules sur l'arrière-main, c'est la main qui agit et les jambes qui soutiennent ; lorsqu'au contraire les jambes chassent la masse en avant, ce sont elles qui agissent et la main qui soutient.

Il en est de même pour l'action séparée des jambes : lorsque la jambe droite pousse l'arrière-main à gauche, c'est la jambe gauche qui soutient ; les mêmes effets ont lieu pour les rênes.

Si dans ces divers cas le moteur qui soutient est trop surchargé, c'est que celui qui agit pousse avec trop de force ; il faut alors pour y remédier arrêter ce moteur et ne plus le considérer que comme soutien, tandis qu'on fait agir celui qui soutenait. C'est par ce balancement bien calculé qu'on obtient chez le cheval les diverses allures, qu'on les augmente, qu'on les diminue, qu'on les change et qu'on les arrête comme on les dirige dans tous les sens.

Nous savons que plus les allures sont allongées plus le cheval pèse sur le devant, et plus elles sont raccourcies plus il est sur le derrière.

Mais, afin que chacune d'elles puisse s'établir, le cheval doit rechercher d'abord des appuis propres à les déterminer. Ces appuis diffèrent en raison de chaque allure, et tendent à faire sortir un cheval de son aplomb ordinaire. Il faut donc pour prendre l'une ou l'autre savoir placer le cheval , ou lui donner une disposition qui soit en rapport avec l'allure qu'on veut exiger.

Une fois que les allures sont déterminées, on les augmente , on les diminue selon le besoin , en donnant une action calculée aux forces qui soutiennent et à celles qui poussent; mais lorsqu'il s'agit d'en changer, il faut retomber dans les principes et user des moyens nécessaires pour obtenir une nouvelle allure.

MOYENS

DE METTRE UN CHEVAL AU PAS.

Le pas, qui est la plus lente des allures, est aussi celle dans laquelle le cheval marche le plus d'aplomb; les jambes se portant alternativement en avant agissent sans effort, car l'allure étant moins rapide elles ont besoin de moins d'extension et elles se partagent plus également le poids du cheval.

Pour obtenir l'allure du pas il faut faire agir les jambes légèrement et par degré, afin que trop de force ne lui fasse pas éprouver une sensation qui pourrait l'engager à passer à une allure plus allongée. A mesure que les jambes agiront pour porter le cheval en avant, la main doit se fixer légèrement pour maintenir le devant et régler les mouvements et la marche du pas. Plus on veut allonger cette allure plus il faut faire agir les jambes en présentant à la bouche un soutien, qui engageant le cheval à s'appuyer sur la main trouvera par cet appui le moyen de donner un plus grand développement aux épaules. Pour le ralentir, les jambes doivent diminuer d'action, tandis que la main,

qui dans le pas allongé sert de soutien, agira alors pour décharger les
épaules et arrêter leur développement.

Lorsque l'on veut obtenir un pas léger et cadencé, on augmentera
en même temps l'action des mains et des jambes.

Les jambes du cheval se portant alternativement en avant, pour
que le pas soit régulier elles doivent embrasser une même étendue
de terrain ; il est donc nécessaire pour ne point déranger cette régularité que le cavalier renferme son cheval entre des pesanteurs égales
qui contribueront à le maintenir droit.

Etant maintenu entre deux poids égaux, s'il marchait inégalement
cela viendrait d'un défaut de construction, qui en donnant plus de
force à un côté ferait marcher le cheval de travers. (1)

Lorsqu'un cheval marche de travers, il y a un côté plus avancé
que l'autre. Il faut pour redresser ce côté user de moyens qui puissent
le maintenir ou le faire reculer, et qui en même temps feront avancer le
côté opposé. Nous avons vu dans l'action des rênes que pour reculer
une épaule il fallait tirer à soi la rêne qui agissait sur cette épaule ; en
arrêtant ainsi son développement on aidera celui de l'épaule opposée ,
ou du moins en ralentissant la première on met la seconde dans le
cas de passer en avant ou de marcher sur la même ligne.

Il en est de même pour les jambes : lorsqu'une seule agit elle tend
à pousser l'arrière-main du côté opposé à son action, et par conséquent
à faire marcher ce côté le premier. Ainsi, lorsque par un défaut de
construction le cheval marche de travers, il faut, par l'effet d'une
rêne ou d'une jambe, rectifier son allure , en arrêtant ou maintenant

(1) Un côté paraît plus faible souvent parce qu'il est moins exercé ; c'est par un
travail bien entendu et plus répété qu'on lui fait reprendre de la force.

plus fort le côté qui va trop en avant; la jambe ou la rêne qui agira sera toujours maintenue et rectifiée dans son action par la jambe ou la rêne qui soutiendra.

Par exemple, si l'épaule gauche reste en arrière, il faut maintenir la rêne gauche et tirer à soi la rêne droite, afin de reculer l'épaule droite. Si la hanche droite dévie ou se pousse à droite, on offre une résistance plus forte de la jambe droite afin que les hanches se portant à gauche l'arrière-main soit redressée; la jambe gauche ne servira plus que de soutien, mais assez ferme cependant pour que les hanches renvoyées à gauche par la jambe droite ne dépassent pas la ligne que l'on parcourt.

MOYENS

DE METTRE UN CHEVAL AU TROT.

Dans le trot, qui n'est qu'un pas plus allongé et plus prompt, l'arrière-main prendra plus d'extension, et chassera la masse sur les épaules, qui, à leur tour, se développeront pour gagner du terrain en se maintenant nécessairement plus sur l'avant-main.

Etant dans cette allure plus sur les épaules qu'au pas, il faut pour le mettre au trot user d'un moyen qui le porte plus en avant. On fermera les jambes avec plus de force afin de porter la masse sur l'avant-main ; la main qui dans ce cas doit soutenir ne se fixera que légèrement jusqu'à ce que le trot soit décidé ; à mesure qu'il se développera, elle s'assurera davantage pour offrir un appui qui soutiendra l'avant-main, et réglera et fixera les mouvements.

C'est par les pressions plus ou moins sensibles des jambes, comme pas les appuis plus ou moins forts qu'on présente à l'avant-main, qu'on augmente ou qu'on diminue le trot.

C'est une erreur de penser que cette allure se développera mieux en ne donnant aucun appui sur le mors ; le cheval, dans ce cas, poussé en avant sans être maintenu , n'osant se livrer trottera avec une incertitude qui communiquera de l'inégalité aux mouvements de ses jambes, ce qui pourra lui faire prendre le galop ou une allure fausse (1).

Les moyens à employer pour un cheval qui trotte de travers sont les mêmes que pour le pas.

(1) Il arrive qu'un cheval mis au bout de son trot prend le galop ; la raison en est simple : le cheval se maintient au trot tant qu'il y a égalité dans le mouvement de ses jambes, et qu'elles se portent alternativement en avant ; mais dès que cette égalité cesse , ce qui arrive lorsqu'il allonge trop ou qu'il est de travers, parce que le côté le plus fort est en avant ; il se trouve au galop puisque cette allure existe quand un côté marche toujours le premier.

DES MOYENS

DE METTRE UN CHEVAL AU GALOP.

Pour mettre un cheval au galop on emploie des moyens qui diffèrent de ceux employés pour les deux autres allures. Le cheval étant obligé de s'asseoir, ses jambes n'ayant pas une marche égale, puisque le terrain est toujours entamé par le même côté, les mains et les jambes du cavalier doivent agir en raison du côté où l'on veut marcher.

Par exemple, pour marcher à droite, sachant qu'à cette main l'épaule droite est plus élevée et plus avancée que la gauche, il faut faire agir la bride de façon à obtenir ce résultat. On élevera la main afin de porter le poids des épaules sur l'arrière-main et asseoir le cheval, ce qui le disposera à prendre le galop; on tirera ensuite la rêne gauche, qui agissant sur l'épaule gauche la ralentira et par conséquent dégagera la droite et la mettra en avant. Pendant que la main dispose les épaules, les jambes doivent agir pour pousser le cheval en avant, et l'on doit placer l'arrière-main de manière à ce que ses mouvements s'accordent avec ceux de l'avant-main. Le côté droit de l'arrière-main devant être aussi plus avancé il faut présenter une plus grande résistance du côté gauche, afin qu'en poussant les hanches de gauche à droite ce côté marche le premier.

C'est l'action de la rêne et de la jambe gauche qui, par leur résistance sur ce côté, déterminent le galop à droite ; la rêne et la jambe droite rectifient l'action qui vient de gauche.

Chez un cheval dressé, on s'embarquera ainsi au galop sans qu'à l'œil il paraisse de travers ; une résistance un peu plus forte suffira pour le faire partir à une main plutôt qu'à une autre ; mais on ne peut le déterminer à une main et l'y maintenir juste que par les oppositions.

L'ancienne équitation dans l'éducation de ses jeunes chevaux était obligée comme nous, pour les mettre au galop, de les placer de travers et d'user d'oppositions en raison de la main où l'on voulait les mettre ; mais elle n'admettait pas ce principe dans un cheval dressé ; elle en intervertissait en quelque sorte l'ordre, puisqu'au lieu d'employer la jambe du dehors pour déterminer l'allure, la jambe du dedans seule devait avoir cette propriété.

Elle basait ses raisons sur ce que marchant à une main, le cheval devait s'y trouver placé, et que la jambe droite pouvant redresser les hanches en même temps qu'elle poussait le cheval en avant, il suffisait de ralentir l'épaule gauche avec la rêne gauche pour déterminer le galop à droite, et du moins de cette façon il partait placé.

On ne peut admettre un semblable moyen, parce qu'il n'est pas infaillible, et que dans une foule de cas la jambe droite, loin de pouvoir servir à mettre un cheval à droite, est pour l'écuyer le seul moyen à sa disposition pour l'embarquer ou le maintenir à gauche.

Si quelques vieux chevaux cependant obéissent à de semblables moyens, ce n'est que par le résultat d'une routine, qui n'est même applicable sur eux avec succès que lorsqu'ils marchent sur des lignes droites qu'ils sont accoutumés à suivre.

Nous verrons dans les différents travaux du galop que ce procédé ne peut être admis en principe.

Lorsqu'un cheval est bien assoupli il doit partir placé, mais on ne peut le mettre indistinctement à une main plutôt qu'à une autre que par les oppositions ; le talent est de les rendre imperceptibles à l'œil , mais sensibles au cheval.

EXPLICATION

DU TRAVAIL DES REPRISES.

Quoiqu'il soit nécessaire autant que possible de rechercher l'emploi des moyens les plus propres à la conservation des chevaux, nous sommes cependant obligés pour les soumettre de les astreindre à un travail commandé par nos besoins, notre commodité et nos usages. Le travail du manége présentera le double avantage de donner la facilité de les dresser promptement, tout en ménageant leurs moyens.

Les reprises furent réglées primitivement pour préparer et dresser les chevaux de combat. Ce travail avait pour but de les assouplir et de les rendre soumis aux moindres volontés du cavalier, qui, répétant au manége les mouvements et les figures en usage dans les tournois, se trouvait alors en état de se présenter avec avantage devant un adversaire.

Si les règles étaient efficaces pour tirer parti de ces chevaux, ne peuvent-elles être applicables en les modifiant sur toutes les autres espèces? Tout homme qui monte à cheval ne sent-il pas le besoin d'en être le maître, et l'avantage qu'il aurait à le soumettre à ses désirs? Le militaire, le veneur, celui qui monte pour son agrément, ne préfèreront-ils pas un cheval assoupli, obéissant et commode à celui qui serait raide, maussade, ou décousu dans ses allures ?

En faisant ressortir la nécessité d'user du manége pour tirer parti de toute espèce de chevaux, il faut bien comprendre l'acception de ce mot, du moins telle que je l'entends : beaucoup de personnes ne considèrent dans le manége que le travail qu'on exige ordinairement des chevaux d'école. Ce travail est utile, en ce qu'en le pratiquant on apprend à juger tout ce qu'on peut obtenir d'un cheval ; mais ce n'est pas une raison pour y amener tous les chevaux.

Manéger un jeune cheval, c'est savoir établir un travail suivi et raisonné, et n'exiger que d'après ses moyens et en raison du service auquel on veut l'employer.

Le cheval de chasse, qui pour la commodité du cavalier doit être souple et liant, n'a pas besoin cependant d'être assis comme le cheval de guerre. Ce sont des nuances que l'homme de cheval doit saisir, et qui le mettront à même de savoir exiger et baser son travail selon le cheval qu'il aura à dresser et selon le besoin qu'il en a.

Mais avant d'entrer dans les détails de l'éducation d'un jeune cheval, il faut connaître le travail qu'on doit suivre. Dans toute école il est nécessaire d'en avoir une idée exacte afin de savoir l'appliquer au besoin.

Le cheval de manége doit être en quelque sorte sacrifié pour enseigner tout le parti qu'on peut tirer de ces animaux, en même temps qu'on s'éclaire sur l'emploi des moyens pour user de leurs ressources avec ménagement.

Une école offre cet avantage qu'étant composée d'une quantité de chevaux qui diffèrent dans leurs dispositions et dans leur construction, on apprend à modifier les ressources selon chacun d'eux, ce qui met à même d'en calculer l'application sur le cheval qu'on veut dresser.

C'est au moyen d'un travail simple et régulier qu'on développe l'intelligence d'un cheval : les reprises ordinaires du manége ont été établies dans ce but ; en les suivant exactement on apprendra à sentir et à régler les allures comme à juger les aplombs.

PRINCIPES GÉNÉRAUX.

Le travail ordinaire se fait sur le large et sur les cercles ; le cheval doit être placé en raison du sens où il parcourt les différentes lignes qui forment une reprise.

Lorsque l'on tourne à droite, le cheval marche à main droite, et doit être par conséquent placé de ce côté. Il est ainsi placé lorsque les hanches ainsi que les épaules marchent sur la même ligne, et que l'encolure et la tête sont placées à droite. On conçoit que l'encolure étant ainsi placée, le cheval a plus de facilité pour tourner à droite, puisque la position de la tête et de l'encolure tendent à entraîner la masse de ce côté.

Le côté de dedans est celui sur lequel on tourne, celui du dehors le côté opposé.

En marchant à main droite, la bride doit être dans la main gauche ; l'épaule du cavalier s'avancera de manière à se mettre en face de la tête du cheval, afin d'être plus tourné vers le côté de dedans où il est censé avoir à faire, et pour résister à la force centrifuge qui tend toujours à reculer le côté du dehors.

L'on change de main dès qu'on place le cheval à gauche et qu'on tourne de ce côté, on tient alors la bride dans la main droite.

Les changements de main s'exécutent ordinairement en quittant une piste pour aller chercher celle opposée que l'on suit alors dans la direction contraire.

Lorsque l'on marche sur le large , le carré long qu'on parcourt se coupe diagonalement ; lorsqu'on va sur les cercles, le changement s'exécute en coupant le cercle en deux.

Il existe cependant d'autres manières de changer de main , qu'on peut exécuter aussi sur des lignes droites.

En général on change de main dès que l'on place son cheval à gauche et qu'avant il était placé à droite.

Dans ces divers changements de main on prendra la bride du côté opposé à celui où l'on marche. Cet usage est nécessaire dans une école, parce qu'ainsi la main qui ne tient pas la bride sert à agir sur la rêne de dedans, et contribue à assouplir et à placer l'encolure du cheval dans le pli où il doit tourner.

Une fois hors de manége et le cheval dressé, la bride doit rester dans la main gauche , et par les simples oppositions de cette main on le place indistinctement à droite ou à gauche , en raison de la volonté du cavalier qui a besoin d'avoir la main droite toujours libre.

Lorsqu'on le met en mouvement il faut partir au pas ; le cheval doit autant que possible marcher droit, ce n'est qu'une fois le mouvement déterminé que l'on se plie à droite ou à gauche.

Toutes les fois que l'on change de direction, il faut avant de tourner marquer des temps d'arrêt qui préviennent le cheval et le préparent à marcher dans un autre sens.

Le passage d'une allure à une autre doit être de même précédé d'un temps d'arrêt calculé en raison de l'allure qu'on veut prendre.

Généralement toutes les fois qu'il s'agit de changer de travail et de direction il faut toujours en prévenir le cheval, et ce n'est que par le secours des temps d'arrêt.

Les reprises commencent d'ordinaire à main droite, et se terminent à la même main.

Il faut autant que possible, selon moi, s'abstenir de l'usage du filet, afin que sachant se passer de ce secours on ait toujours une main libre.

Il est pourtant nécessaire sur le cheval qui n'est pas encore fait à la bride; il sert à donner la connaissance des effets des rênes, du mors, et à offrir un point d'appui sur la main.

Le filet sert de préparation à la connaissance du mors, et remplace son effet lorsque celui-ci agit trop fortement.

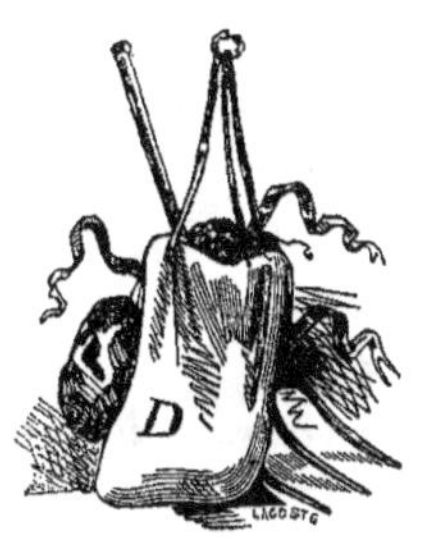

DES REPRISES SIMPLES.

EXPLICATION PRÉLIMINAIRE.

Afin d'assouplir les chevaux, de les rendre plus maniables, la règle du manége veut qu'on les place à la main à laquelle ils marchent.

Pour obtenir ce travail on paraît quelquefois se trouver en contradiction avec les dispositions naturelles du cheval, quoique cependant on les consulte toujours et qu'on ne les contrarie que lorsque les allures qu'on veut prendre ne sont pas régulières.

C'est avec le secours de ses aides que le cavalier, tout en plaçant son cheval d'après la règle prescrite au manége, établit des contre-poids qui maintiennent le cheval dans un équilibre appartenant à telle ou telle allure.

Par exemple, en suivant une ligne droite, si l'on veut marcher au trot et placer le cheval à droite, il est aisé de sentir que l'encolure et la tête se portant à droite, l'épaule droite du cheval aura à porter un poids plus lourd que l'épaule gauche, et se trouvera ainsi ralentie; position qui nécessairement devra rendre inégal le mouvement des

épaules, il convient donc, si dans cette position on veut marcher
au trot, que l'on recherche les moyens de régulariser les mouvements du cheval pour qu'il ne change pas d'allure, quoique plié à
droite.

Le trot existe lorsque les battues sont égales, c'est à dire lorsque la
jambe gauche de derrière et la droite de devant restent aussi long-
temps en l'air que les deux autres y resteront, quand, dans l'impulsion
locomotrice, elles se souleveront à leur tour. Le trot a de l'ensemble lorsque les jambes supportent alternativement le même poids.

Ainsi je suppose que le poids d'un cheval soit de deux cents livres,
que, marchant l'encolure et la tête parfaitement droites, les deux
jambes qui s'appuient ensemble à terre portent chacune cent livres; si
par la position qu'on donne à la tête et à l'encolure on surcharge l'épaule
droite de vingt livres, la hanche gauche ne doit plus en recevoir que
quatre-vingts; tandis que si, d'un autre côté, j'ai soulagé l'épaule
gauche de vingt livres, la hanche droite doit en porter cent vingt lorsque la jambe gauche de devant et la droite de derrière viennent
à leur tour à s'appuyer à terre. Nous avons vu comment l'épaule droite
pouvait être surchargée de vingt livres; mais afin de soulager la hanche
gauche, il s'agit de l'éloigner du centre de gravité en y amenant la
hanche droite, et en lui faisant supporter l'excédant du poids que la
hanche gauche ne porte pas. Ainsi placé, on verra que si les jambes
qui agissent ensemble individuellement ne portent pas le même poids,
elles portent cependant à elles deux une pesanteur égale aux deux
autres, ce qui met le cheval dans le cas d'avoir des mouvements
égaux; mais afin que cette égalité de mouvement existe, il faut présenter aux parties les plus chargées un secours d'aide qui égale l'excédant du poids qu'elles ont à supporter. Or pour que la hanche droite
se maintienne de façon à porter vingt livres de plus que la hanche

gauche, la jambe droite du cavalier devra avoir une action de vingt livres plus forte que la gauche.

Si l'exemple que je viens de donner est un pas forcé (1), c'est pour qu'il soit plus sensible et que l'on comprenne bien le balancement qui doit exister dans l'accord des mains et des jambes.

Je m'abstiendrai d'expliquer actuellement ce qui peut avoir rapport à la manière de placer un cheval au galop ; ce sont toujours les mêmes moyens qu'on applique avec plus ou moins de force en raison de l'allure qu'on veut prendre : il en sera fait mention dans le travail des reprises.

Ce pli que l'on cherche à maintenir sur les lignes droites deviendra tout naturel dans les changements de direction, car l'on sait qu'en tournant à droite, le côté du dehors ayant plus de terrain à parcourir que celui du dedans, il faudra conserver le cheval dans une position qui, en ralentissant son côté droit, facilitera le tournant ; aussi, lorsque l'on tourne, le pli doit être plus marqué.

Lorsque le cheval marche au pas, il porte ses jambes en avant les unes après les autres. D'après cela, le cavalier est maître d'arrêter et d'allonger le développement de chacune d'elles ; c'est pourquoi il faut le considérer comme allure de préparation, c'est à dire qu'il doit subir, selon le trot ou le galop, un travail qui préparera le cheval à prendre plus facilement l'une ou l'autre de ces deux allures.

Le travail des reprises s'exécute sur les lignes droites, ou sur les cercles ; d'après l'explication déjà donnée, nous verrons que c'est au trot

____

(1) Et il l'est en effet ; car en raison de la rapidité du trot, les épaules ont à porter une plus grande pesanteur que les hanches. Je ne cite cet exemple que pour donner une idée exacte de l'action des aides du cavalier.

que les chevaux peuvent le plus facilement suivre un travail composé
de lignes droites, puisque pour l'obtenir il est nécessaire de mettre le
cheval droit, afin que chacune de ses jambes puisse plus aisément se
porter en avant et embrasser une même étendue de terrain. (*Voyez*
le chapitre des *Allures au trot.*) Ainsi pour préparer un cheval au trot,
le pas se suivra sur le large.

Ce travail des lignes droites, en quelque sorte calculé pour le trot,
deviendra une difficulté lorsqu'il faudra le suivre au galop; aussi cette
allure doit avoir une préparation en rapport avec les dispositions
naturelles du cheval; le travail des cercles sera celui qui lui conviendra
le mieux, puisqu'en tournant le cheval pourra marcher ainsi un côté
toujours plus avancé que l'autre.

Lorsqu'au moyen du pas on aura préparé les chevaux à marcher le
trot sur le large et le galop sur les cercles, quand ces allures auront
été obtenues chacune dans le travail qui leur sera le plus familier, les
lignes droites devront se parcourir au galop comme les lignes circulaires au trot. C'est toujours par le contre-poids des mains et des
jambes qu'on obtiendra ces divers résultats.

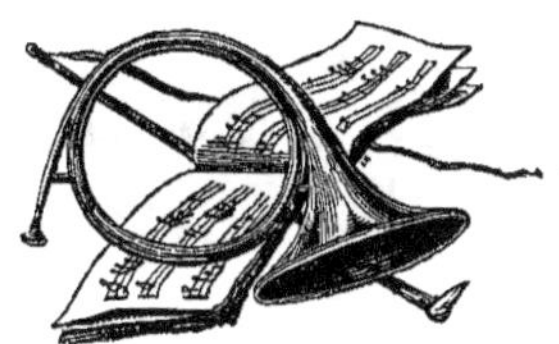

DES REPRISES SUR LE LARGE,

AU PAS ET AU TROT.

Afin de saisir ce travail, qui est extrêmement simple, on le commencera au pas. Une fois le cheval mis en mouvement, la main se placera au dessus de l'encolure afin de régler le pas ; cette allure déterminée, la main se portera un peu à droite pour que la pression de la rêne gauche sur la bouche et l'encolure pousse la tête un peu en dedans et plie l'encolure à droite (1). Cette résistance de la main doit être assez marquée pour porter la tête à droite, mais pas assez forte cependant pour faire tourner le cheval. La jambe droite se fermera pour maintenir la hanche droite et jeter la gauche en dehors.

(1) Si l'effet de cette rêne ne suffit pas on ouvre la rêne droite de la bride, ou du bridon si la rêne de la bride fait trop d'effet.

PASSAGE DES COINS.

Pour prendre l'habitude de marquer des temps d'arrêt à chaque tournant, une fois arrivé à quelques pas du coin, la main se placera dans la direction de l'angle du mur vers lequel on marche; ce mouvement, qui fera porter l'avant-main du cheval à gauche, obligera l'élève, arrivé dans le coin, à marquer un temps d'arrêt pour rassembler son cheval et le disposer à en sortir; cet arrêt marqué et le cheval rassemblé, la main se portera à droite pour sortir du coin et suivre la nouvelle direction.

Une fois que le cheval sentira ce travail, on passera les coins en maintenant les chevaux à la main à laquelle ils marchent.

Le cheval étant dans le large, on observera qu'il soit toujours placé à droite. Si la pression de la rêne gauche ne suffisait pas pour plier l'encolure, ou si son action n'était pas bien sentie, ce qui arrive souvent chez les jeunes chevaux, on se servirait de la main droite pour ouvrir la rêne droite et plier l'encolure à droite.

Lorsqu'on travaille avec plus de finesse et sur un cheval dressé, on obtient ce pli de l'encolure par la résistance un peu plus forte de la main droite, qui, agissant sur la barre droite, recule et fixe la tête du côté droit et plie de même l'encolure de ce côté.

22

Dans le large , les jambes du cavalier se ferment de manière à ce que les hanches suivent les mouvements des épaules. Elles doivent agir aussi toutes les deux dans le passage des coins. La jambe droite sert à plier le cheval pour tourner à droite , tandis que la jambe gauche soutient les hanches et les empêche de se porter trop promptement à gauche , ce qui ferait passer le tournant avec trop de précipitation et le rendrait moins juste ; car, dans le moment où le cheval tourne à droite , si l'épaule droite tourne la première , il faut aussi, pour que l'arrière-main marche d'accord avec le devant, que la hanche droite tourne avant la hanche gauche ; et comme nous l'avons déjà expliqué, ce mouvement ne peut s'effectuer juste que par la résistance de la jambe gauche , qui soutient le côté gauche et maintient l'action de la jambe droite.

Il faut beaucoup étudier l'effet différent de ces deux jambes, peu sensible au pas et au trot, mais qui est d'une grande puissance dans les changements de direction au galop.

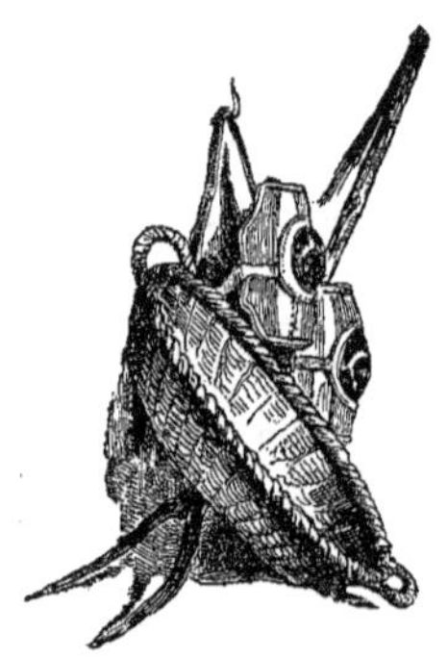

DU CHANGEMENT DE MAIN.

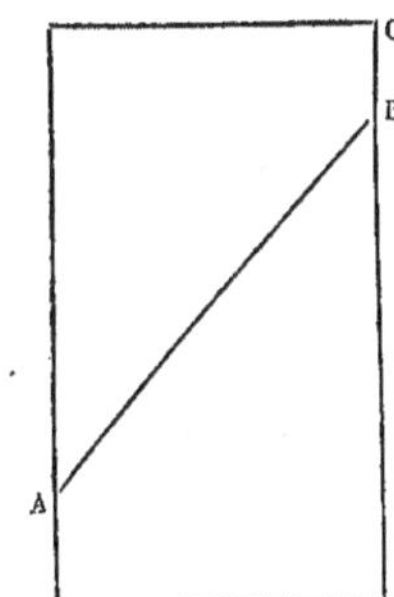

Lorsqu'on aura ainsi marché plusieurs tours au pas et au trot à main droite, on changera de direction. On quittera alors le mur au point A, indiqué comme commencement du changement de main, en portant la main dans la direction du point B, fin du changement de main. La tête du cheval une fois arrivée au point B, la main se portera dans la direction de l'angle C; par ce mouvement le cheval se trouvera le long du mur. On changera la bride de main, en ayant soin de placer le cheval un peu à gauche et en répétant pour le passage des coins ce qui a été dit plus haut.

Le travail des directions droites calculé pour le trot devient une difficulté lorsqu'il s'agit de le suivre au galop.

Ce n'est que par degrés que l'on peut arriver à exiger ce travail d'une manière juste. Il faut d'abord placer les chevaux dans la position qui leur est la plus commode, et s'appliquer à sentir l'effet positif de chaque moteur.

DU TRAVAIL SUR LES CERCLES,

AU PAS ET AU GALOP.

Lorsque l'on marche sur une ligne circulaire , le cheval est dans une position pareille à celle où il se trouve lorsque allant sur le large il sort d'un coin, c'est à dire que suivant un cercle à main droite , en tournant, l'épaule droite doit marcher la première.

Dans ce cas , si la main qui dirige le cheval dans le cercle place l'avant-main de manière à faire aller l'épaule droite avant la gauche , la jambe gauche du cavalier doit aussi marquer une résistance qui soutienne l'arrière-main en maintenant la hanche droite la première.

Un cheval se désunit ou tourne à faux en raison de la position qu'on lui fait prendre. Par exemple , lorsqu'en tournant à droite les épaules suivent la circonférence de manière à marcher l'épaule droite la première, tandis qu'au contraire l'arrière-main sortira de la ligne droite et se portera à gauche, la hanche gauche par ce mouvement s'avancera plus que la droite et sera obligée , pour maintenir l'aplomb du cheval, de changer son mouvement, c'est à dire d'entamer le terrain avant la hanche droite ; il se désunira ainsi du derrière.

Les hanches ainsi placées, si la main se porte trop en dedans pour avancer l'épaule gauche plus que la droite , le cheval changera de pied de devant et marchera alors à faux.

On voit par cette explication que le cheval ne se maintiendra à droite que par la résistance de la jambe gauche, qui placera la hanche droite la première, et par l'action de la main, qui se portant toujours un peu à gauche, dégagera l'épaule droite et la mettra en avant.

DES CHANGEMENTS DE MAIN EN CERCLE,

AU PAS ET AU GALOP.

Les changements de main s'exécuteront en coupant la circonférence en deux.

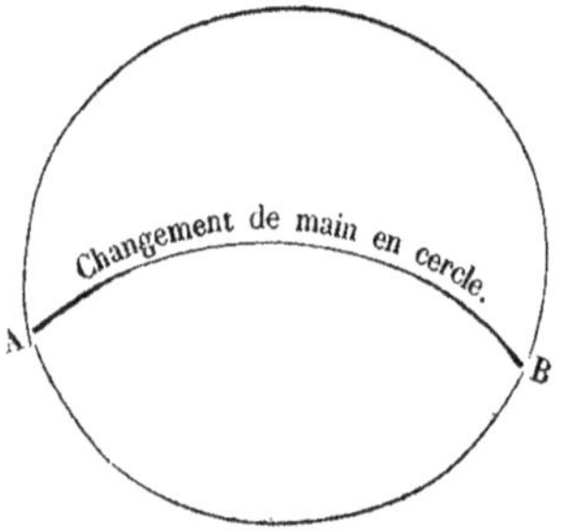

L'on partira du point *A* pour aller au point *B*. Quelques pas avant le point *B*, on ralentira le cheval pour le disposer à le placer à la main à laquelle il va entrer et le préparer au tournant. On portera, en même temps qu'on formera cet arrêt, la main un peu à droite, en offrant une résistance de la jambe droite, afin d'éviter de laisser tomber les hanches à droite, et pour avancer le côté gauche qui doit marcher le premier.

Ce travail se suivra au pas comme au galop, en ayant soin, lorsqu'on marchera cette dernière allure, d'arrêter tout à fait le cheval pour le faire changer de pied et d'user des moyens expliqués pour le faire partir à gauche.

DU TROT SUR LES CERCLES.

Lorsqu'on veut faire marcher au trot sur des lignes circulaires, le cheval doit être nécessairement placé d'une manière différente de celle où il est en marchant au galop. Dans ce cas, marchant à droite, la jambe droite du cavalier doit avoir une action plus forte que la gauche, afin de placer les deux hanches sur la même ligne; de même la main doit arrêter davantage l'épaule droite afin que la gauche puisse s'avancer et que de cette sorte, le cheval soit placé de manière à pouvoir marcher le plus également possible.

Il est aisé de sentir néanmoins que le côté du dedans aura toujours moins à parcourir que celui du dehors; c'est pour cela qu'à cette allure il faut placer le cheval au dessous de son train, afin de pouvoir maintenir et arrêter le développement du côté du dedans en travaillant à augmenter celui du dehors. Dans ce cas, la jambe du dedans doit se fermer plus que celle du dehors, afin de maintenir la hanche droite et d'augmenter le développement de la gauche ; on marquera aussi un arrêt plus fort du côté droit de l'avant-main, en tirant à soi la rêne droite pour arrêter le développement de cette épaule, en cherchant à égaliser le mouvement des deux.

Les changements de main au trot s'exécuteront comme il a été expliqué pour le pas et le galop, avec la différence qu'on mettra le cheval dans le cas de maintenir toujours le trot; ce qui s'obtiendra en ralentissant d'abord le cheval, et en augmentant et régularisant autant que possible le mouvement de ses jambes.

DU GALOP ORDINAIRE SUR LE LARGE.

Pour obtenir ce galop on usera des mêmes moyens appliqués pour le travail en cercle. La main, tout en étant placée dans la direction qu'on voudra suivre, marquera au moment du départ une résistance et une opposition qui avanceront le côté qui devra marcher le premier; les jambes agiront dans le même sens.

On voit par cette explication que le départ du galop ordinaire se fera toujours un peu de travers; c'est insensiblement qu'on arrivera à rendre ces oppositions moins sensibles et qu'on fera partir le cheval droit.

DÉPART AU GALOP, LE CHEVAL DROIT.

Le travail des lignes droites qui semble calculé pour le trot, devient une difficulté lorsqu'il s'agit de le suivre au galop. D'après l'explication que nous avons donnée du galop nous avons vu que l'ordre dans lequel se meuvent les jambes oblige à partir naturellement de travers (1).

Pour que le cheval marche à droite il est absolument nécessaire que l'épaule et la hanche droite se maintiennent les premières ; il faut l'atténuer, sans cesser de contrarier cette disposition.

Je sais que pour partir à droite, mon cheval a besoin d'avoir l'é-paule droite plus avancée que la gauche, que je n'obtiens ce résultat que par un arrêt plus fort que je forme sur le côté gauche ; je sais que les hanches doivent suivre la disposition donnée à l'avant-main, c'est à dire que la hanche droite doit être plus avancée que la gauche ; ce que j'obtiens par la résistanee de ma jambe gauche.

Bien pénétré de ces principes, sûr de la puissance de mes aides, je puis arriver à faire partir mon cheval presque droit ; car si je puis donner à la rêne et à la jambe gauche une action assez forte pour déter-

(1) Nous ne pouvons pas espérer contrarier la nature au point de changer l'ordre de son équilibre ; seulement la perfection du travail peut amener à atténuer cette disposi-tion et à la rendre presque insensible.

miner le galop à droite, je puis atténuer cette action par le secours de la jambe et de la rêne droites, jusqu'au point qui suffira pour laisser le côté droit le premier.

Si dans le principe j'ai pu, pour faciliter le départ à droite, mettre mon cheval de travers, de manière à laisser tomber d'un pied les épaules à gauche et les hanches à droite, je puis arriver par le secours de mes contre-poids à diminuer ces oppositions, au point d'arriver, à peu de chose près, à la ligne droite, de manière qu'à l'œil le cheval pourra paraître droit.

DU GALOP A DROITE,

LE CHEVAL PLACÉ A CETTE MAIN.

Nous avons vu qu'en pliant l'encolure à droite on pouvait ralentir le développement de l'épaule droite et faciliter celui de la gauche. En agissant ainsi sur les parties antérieures, l'arrière-main se trouve aussi dans le cas de sortir de la ligne et se porte à gauche à mesure que les épaules sont à droite ; cette action a été expliquée dans le *Travail du trot*, *le cheval placé à droite*. Si l'on s'y prenait ainsi pour placer à droite un cheval qu'on veut mettre au galop à cette main, il partirait infailliblement à gauche.

Il faut nécessairement obtenir ce pli d'une manière différente et de telle sorte qu'en pliant l'encolure à droite et portant la tête de ce côté, l'épaule gauche soit toujours plus chargée et plus en arrière que la droite.

Ce travail s'opérera principalement par l'action de la rêne droite. Cette rêne doit marquer sur la barre droite une résistance, de devant en arrière, qui reculera la tête plus à droite qu'à gauche et pliera par ce moyen l'encolure à droite ; cette position obtenue, la rêne droite par un mouvement de continuité, en même temps qu'elle ramenera la tête et la placera à droite, marquera une résistance de droite à gauche qui empêchera le cheval de tourner et lui maintiendra le bout du nez sur la ligne de l'épaule droite, en rejetant alors sur l'épaule gauche toute la pesanteur de la partie inférieure de l'encolure.

Une fois cette position de l'avant-main obtenue, les jambes agiront comme cela a été détaillé dans le chapitre précédent, en ayant soin de laisser le moins possible les hanches en dedans.

RÉSUMÉ GÉNÉRAL.

DU TRAVAIL DES REPRISES.

Les reprises simples, dont je viens de donner l'explication, doivent être exécutées jusqu'à ce que l'élève les comprenne bien.

On ne saurait trop s'appesantir sur chacune de ces leçons , attendu que plus tard c'est le seul travail à suivre pour l'éducation d'un jeune cheval.

Les changements de main au pas , au trot et au galop , doivent toujours être précédés d'un temps d'arrêt qui prépare le cheval à passer à une autre main ; il est nécessaire de faire observer qu'il doit être plus marqué au galop , afin d'interrompre complétement le temps à droite pour le disposer à passer à gauche. A cette allure, comme aux autres , on observera que le cheval soit toujours bien droit devant lui , c'est à dire que l'arrière-main suive et marche d'accord avec son avant-main.

C'est le travail droit une fois bien connu que l'on commencera à donner une idée de celui des hanches, ainsi que des moyens d'exécuter divers mouvements avec plus de promptitude.

TRAVAIL COMPOSÉ.

MARCHE OBLIQUE ET SUR LES HANCHES.

La marche droite devait être la première à exiger du cheval, puisque c'est celle qui lui est la plus familière : dans ce cas il ne se sert de ses épaules et de ses hanches que pour recevoir plus ou moins le poids de son arrière-main, comme pour pousser plus ou moins en avant les parties antérieures. Ce mécanisme ordinaire, qui met le cheval dans le cas d'aller en avant ou en arrière, ne lui indique d'appuyer ni à droite ni à gauche : si cette circonstance arrive c'est par l'inégalité de la force d'un côté sur un autre, qui fait qu'il marche de travers.

J'ai démontré jusqu'ici les moyens de rectifier les inégalités dans la force des divers moteurs du cheval par la puissance de nos aides, et d'arriver, au moyen de l'art, à faire parcourir au cheval des lignes droites.

Il se présente des cas cependant où il est nécessaire de savoir appuyer à droite ou à gauche sans avancer ni reculer, comme de pouvoir se porter en avant par une marche oblique.

Ce premier mouvement s'appelle fermer ou aller sur les pas de côté ; le second fermer, en allant en avant.

Ce travail tout à fait nouveau demande une préparation, puisqu'en l'exigeant on intervertit chez l'animal l'ordre de sa marche ordinaire ; car si les jambes, qui ont la propriété de s'appuyer à terre ensemble, agissent toujours dans le même ordre, quant à leur appui elles suivent une direction et ont une action différente dans la marche oblique.

MOYENS DE FERMER

OU D'ALLER SUR LES PAS DE COTÉ.

(Figure 19.)

Nous devons pour obtenir ce mouvement balancer l'action des mains et des jambes , de façon que le cheval n'avance ni ne recule. Une fois mis en mouvement on lui offre une liberté dans la direction que l'on veut suivre, en lui présentant une résistance du côté opposé. Ainsi, voulant appuyer de droite à gauche , je marque un arrêt de la bride , et je ferme mes jambes pour rassembler le cheval et le mettre en action. Ce mouvement exécuté je marque un arrêt et une pression de la rêne droite afin d'arrêter le mouvement de l'épaule droite ; cette épaule étant arrêtée agira nécessairement sur la hanche gauche , qui , au lieu de se porter en avant si l'on avait laissé la liberté à l'épaule, étant repoussée par elle, reculera ou s'échappera à gauche.

Dans ce mouvement, en fermant la jambe droite pour pousser la hanche droite à gauche, je déterminerai le mouvement à gauche de la hanche gauche , déjà provoqué par l'arrêt de la rêne droite, et je

26

mettrai en mouvement l'épaule gauche, qui trouvant une résistance dans la main et une pression lui venant de droite, ne pouvant se porter en avant s'échappera à gauche, étant poussée par le mouvement de la hanche droite.

Une fois mis en mouvement dans cette nouvelle direction ce sera au cavalier à balancer l'action de ses aides. Si le cheval pousse trop précipitamment ses hanches à droite, on atténuera ce mouvement par l'action de la jambe droite en diminuant celle de la gauche; si l'épaule ne se porte pas assez à droite, ou l'on écartera la rêne droite ou l'on portera la main gauche dans cette direction.

Il est bon pour apprendre à un cheval à marcher ainsi de le mettre vis-à-vis un mur; la tête étant maintenue la main n'aura pas besoin d'une action aussi grande et il recevra plus froidement cette leçon.

On peut même commencer ce travail sans monter le cheval, afin qu'il apprenne à bien croiser ses jambes. Dans ce cas, voulant aller de gauche à droite, on tient le cheval par la bride de la main gauche en le maintenant la tête en face le mur, et en lui faisant appuyer les hanches en l'excitant avec une gaule; à mesure que les hanches s'échapperont on portera les épaules vis-à-vis les hanches.

Cette marche doit servir de préparation à toute espèce de travail oblique.

Avant de prendre les changements de main sur les hanches, il est bon de faire marcher son cheval soit en ligne droite, soit sur les cercles, en faisant porter les hanches tantôt en dedans de la ligne que l'on parcourt et tantôt en dehors.

Par exemple, en marchant à main droite si l'on veut laisser tomber les hanches en dedans, on marquera un arrêt égal de la bride pour rassembler le cheval et lui maintenir les épaules dans la ligne que l'on suit; la jambe gauche donne alors une pression assez forte pour jeter les hanches à droite et les faire dévier jusqu'au point que l'on croit nécessaire ; la jambe droite maintient la hanche droite, et l'on continue à marcher dans cette position jusqu'à ce que le cheval, assoupli de ce côté, l'on veuille alors porter les hanches en dehors ou bien changer de main pour exécuter du côté opposé. Dans ce travail la main droite doit être fixe autant que possible, et l'on n'agit davantage sur une rêne que sur l'autre que lorsque l'on veut plier l'encolure ou redresser les hanches avec la bride ; car l'effet des rênes a une action assez directe sur les hanches pour qu'il suffise aussi sur un cheval assoupli, pour le faire marcher obliquement sans le secours des jambes. En effet nous savons que l'épaule gauche se met en mouvement avec la hanche droite ; nous avons expliqué que par leur position transversalle, lorsque l'épaule gauche était restreinte et maintenue à gauche, la hanche droite devait s'échapper à droite ou reculer. Si la rêne gauche produit cet effet sur la hanche droite, la rêne droite produit ce même effet sur la hanche gauche, alors il est aisé de comprendre que lorsqu'un cheval échappe trop ses hanches à droite, et que la jambe ne peut arrêter ce mouvement, l'action de la rêne droite pourra le maîtriser, puisqu'en disposant la hanche gauche à s'échapper à gauche elle arrêtera naturellement le mouvement contraire.

Ainsi par la résistance de la rêne sur le côté opposé où l'on veut fuir les hanches, et ensuite par la pression de cette même rêne pour porter l'épaule vis-à-vis la hanche que l'on a engagée, nous voyons que l'on peut marcher obliquement sans le secours des jambes.

DES PAS DE COTÉ EN AVANT

OU CHANGEMENT DE MAIN EN PRENANT LES HANCHES.

Une fois bien pénétré du travail ci-dessus expliqué, les pas de côté en avant, ou changement de main en prenant les hanches, seront très faciles à obtenir ; ce sont toujours les mêmes moyens à employer en faisant agir plus ou moins les aides et en atténuant leur action par les aides qui soutiennent.

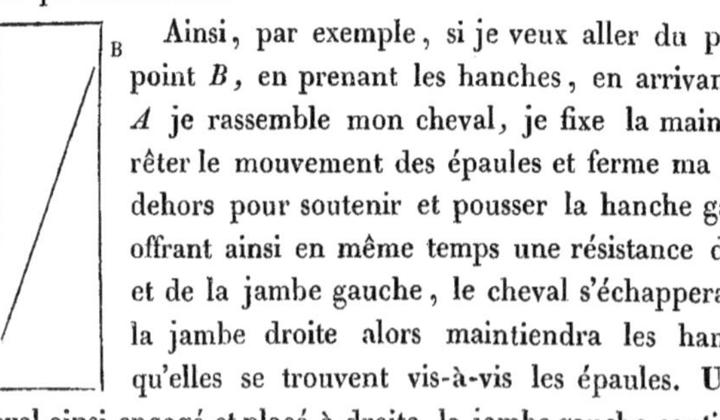

Ainsi, par exemple, si je veux aller du point A au point B, en prenant les hanches, en arrivant au point A je rassemble mon cheval, je fixe la main pour arrêter le mouvement des épaules et ferme ma jambe de dehors pour soutenir et pousser la hanche gauche, en offrant ainsi en même temps une résistance de la rêne et de la jambe gauche, le cheval s'échappera à droite ; la jambe droite alors maintiendra les hanches afin qu'elles se trouvent vis-à-vis les épaules. Une fois le cheval ainsi engagé et placé à droite, la jambe gauche continuera son

action pour pousser les hanches de droite à gauche, et la main sera
assez légère pour que, tout en arrêtant les épaules afin d'engager les
hanches, le cheval puisse se porter un peu en avant, de façon à arriver insensiblement, et toujours dans la même position, au point *B*.
Ce sera la jambe droite qui maintiendra les hanches, et qui, par sa
pression, poussera toujours le cheval en avant.

Ces diverses actions de la jambe qui agit comme de celle qui soutient,
ainsi que le plus ou le moins d'arrêt de la main, doivent être en raison
de la longueur du changement de main.

Il est essentiel, lorsqu'on commence un changement de main, de ne
pas engager les hanches par à coup, car le cheval pourrait alors faire
dépasser au derrière la ligne du devant, comme il pourrait aussi mettre
trop de précipitation dans son exécution. Une fois que le mouvement
est déterminé par la jambe de dehors, qui est celle agissante, celle
qui soutient a quelquefois besoin, pour maintenir le cheval droit, d'une
action plus forte que celle qui agit, ce qui est facile à concevoir puisqu'une fois le mouvement déterminé toute la masse du cheval tend à
se porter du côté qui entame le terrain.

Du moment que ces divers principes sont compris et exécutés, au
pas, au trop et au galop, le cavalier obtiendra tout ce que les moyens
d'un cheval peuvent offrir.

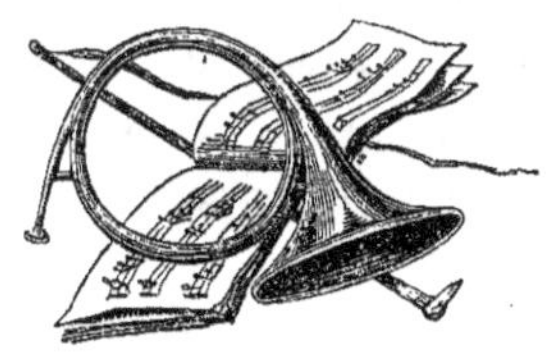

RÉSUMÉ.

L'avantage que l'on retire du travail des pas de côté est incalculable; il contribue à mettre les chevaux sur les hanches et à les assouplir ; il dégage les épaules et donne à l'animal un liant qu'il ne peut avoir lorsqu'il n'a été conduit que droit devant lui. En effet, dans ce premier travail c'est le devant qui est surchargé par le derrière , ou le derrière qui est surchargé par le devant ; mais une fois que les hanches assouplies savent agir l'une sur l'autre , que les épaules dégagées et liantes peuvent se prêter de mutuels secours, alors la répartition des poids se fait d'une manière plus égale , le cheval obligé à moins d'efforts obéit avec plus de promptitude et de confiance.

Aussi doit-on , dans l'éducation du jeune cheval , s'appliquer à travailler de bonne heure les épaules et les hanches.

Il est rare qu'on rencontre des chevaux qui marchent parfaitement droit, parce que, soit habitude , soit faiblesse , un côté gagne toujours sur l'autre. C'est pour cela qu'il est bon, pour égaliser ses mouvements et ses allures, d'exercer alternativement chaque côté , et de donner plus de travail au côté le plus raide.

C'est en assouplissant les hanches et les épaules qu'on obtient ce résultat , qu'on donne à l'animal la connaissance plus complète des aides, et que le cavalier, s'identifiant avec lui par un travail soutenu, l'amène à savoir se tenir droit ou de travers en raison de l'égalité ou de l'inégalité de leurs pressions ; mais alors les différentes positions que le cheval peut prendre sont subordonnées à la volonté de l'homme.

C'est alors que le cheval ainsi assoupli devient fidèle à la main, qu'il reçoit sans inquiétude des appuis plus ou moins forts sur la bouche, que son encolure acquiert un liant et une souplesse infinie, parce que chaque moteur se coordonnant et se prêtant un mutuel secours, les arrêts, qui dans le principe ne se faisaient sentir que sur un seul point et excitaient une trop grande susceptibilité, se répartissent alors sur toute la machine et deviennent plus supportables.

CHANGEMENT DE PIED EN L'AIR,

LE CHEVAL ÉTANT AU GALOP.

J'ai démontré que toutes les fois qu'on voulait changer l'allure ou le travail d'un cheval, il était essentiel de l'arrêter pour le prévenir. C'est en raison du tact du cavalier et de la manière dont il prépare son cheval que les changements s'obtiennent avec plus de promptitude et de précision.

Les changements de pied en l'air au galop sont très faciles à obtenir lorsqu'on possède bien les moyens de faire prendre terre à terre ; ce sont exactement les mêmes, excepté qu'ils sont exigés plus promptement.

Ainsi nous savons que l'on met un cheval à droite par l'arrêt de la bride et la résistance de la jambe gauche, dont l'action est soutenue et maintenue par la jambe droite, que l'on met aussi un cheval à gauche par le même arrêt de la bride et par l'action contraire des jambes.

Le cheval étant à droite, je veux le passer à gauche, j'use du moyen indiqué, seulement je fais agir simultanément mes mains et mes jambes. Ainsi, galopant à droite, au moment où je veux passer à gauche, je marque un arrêt de la bride assez fort pour arrêter le développement de l'épaule droite qui marche la première, et en même temps je fais agir mes jambes avec plus d'action, en exigeant plus de la droite que de la gauche afin de pousser la hanche gauche à gauche.

Le cheval qui par l'arrêt simple de la bride se serait arrêté, si la jambe du cavalier n'avait pas continué d'agir, se rassemblera; alors la main agissant plus sur l'épaule droite que sur la gauche, cette dernière, poussée en avant par l'action des jambes et étant moins arrêtée que la droite, passera nécessairement devant celle-ci, et enfin l'arrêt qui empêchera le développement de l'épaule droite contribuera à faire échapper à gauche la hanche gauche, mouvement déjà commencé par l'action plus forte de la jambe droite du cavalier.

Une fois ce travail conçu, on l'exigera en tenant le cheval droit comme dans le travail des changements de pied terre à terre.

Le changement de pied étant exécuté, on donnera au cheval une plus grande liberté, pour qu'il se maintienne à la main où il sera passé; car si l'on continuait à l'arrêter, incertain dans son travail, il pourrait se désunir ou changer encore de pied.

Plus on rassemblera son cheval et plus facilement il changera de pied en l'air, parce qu'en rapprochant ainsi ses moyens il trouvera dans la main un appui qui lui sera nécessaire pour mieux exécuter l'intervertissement de l'ordre dans lequel les jambes agissent.

J'insiste sur ce principe parce que c'est toujours par là que pèchent les personnes qui veulent faire changer un cheval de pied : on se presse, on augmente le train et l'on provoque ainsi un décousu qui fait que le cheval n'achève jamais de changer de pied et qu'il reste désuni.

28

DES TÊTES A LA QUEUE.

Il est une foule de cas où il faut savoir exécuter la tête à la queue. Ce travail, qui, lorsqu'on le demande au galop, paraît difficile à obtenir, est promptement compris du cheval lorsqu'on exige ce mouvement avec discernement. C'est une erreur de croire qu'il s'exécute toujours aux dépens de l'arrière-main ; les personnes qui pensent ainsi , et qui agissent dans ce sens doivent en effet rarement réussir, à moins de rencontrer des chevaux d'une force extrême : car si l'on ne répartit pas bien les poids du cheval , et qu'on veuille faire supporter à l'arrière-main toute l'exécution , il est rare en effet qu'il ne se refuse pas à tourner, parce que alors prenant trop sur lui on l'engage à désobéir. On doit au contraire, loin de le trop restreindre, donner à l'arrière-main une liberté qui lui permette d'agir. Par exemple, marchant au galop à droite, au moment où je veux exécuter, je rassemble et ralentis le cheval pour le mettre dans la main et le préparer ; je l'arrête insensiblement, la main très basse, afin de l'engager à baisser la tête, ce qui tend à élever les hanches et à les dégager, et tout en arrêtant je porte la main à droite en faisant alors agir vigoureusement mes deux jambes, afin de rejeter sur l'avant-main le poids que l'arrêt de préparation et le commencement du tournant auraient pu jeter sur le derrière ; en même temps je fais, avec la résistance plus forte de la jambe droite,

échapper l'arrière-main à gauche à mesure que l'avant-main est portée
à droite. Une fois que le mouvement est indiqué, la main reste fixe
dans la nouvelle direction, et la jambe gauche maintient la hanche
gauche pour qu'elle ne dépasse pas la ligne de l'épaule. (fig. 20.)

L'essentiel dans l'exécution de ce mouvement est de bien préparer
son cheval : il faut qu'il soit arrêté d'abord pour le rassembler, mais
ensuite avoir la main assez basse afin de faire baisser la tête le plus
possible et donner par là un appui aux épaules qui permettront à
l'arrière-main de se mouvoir plus facilement. Ainsi, en décomposant
ce travail, on voit qu'au point de départ le cheval est plus sur les
hanches que sur les épaules, et à la fin de la tête à la queue il doit
être au contraire plus sur les épaules que sur les hanches.

RÉSUMÉ GÉNÉRAL.

Il est fort essentiel de connaître combien la position de la main influe sur la manière de mener un cheval, et combien cette position plus ou moins élevée contribue à faire paraître les allures et les arrêts plus ou moins durs.

L'ancienne équitation recommandait de placer la main très haut et très en avant. Cet usage, nécessaire sans doute pour les chevaux qu'on avait à cette époque, trouve moins d'application avec notre espèce actuelle ; cependant cette vieille tradition est restée sans qu'on se soit occupé de la modifier, en raison de la différence qui existe entre nos chevaux et ceux d'autrefois.

En consultant tout ce qui avait rapport à la cavalerie du moyen âge, il est incontestable que l'espèce que l'on montait à cette époque était d'une construction différente de la nôtre (fig. 21). Dans des temps plus rapprochés, sous Louis XIII, Louis XIV et même sous Louis XV, les tableaux qui nous représentent des chevaux peints à cette époque ne nous laissent voir que des constructions robustes et toujours des chevaux entiers, à lourdes épaules et fortes encolures. Il est aisé de concevoir qu'il était nécessaire alors de relever et de soutenir la masse du cheval qui devait toujours se porter en avant, et qu'on devait pour la maintenir d'aplomb user d'embouchures très dures, comme on devait placer la main élevée afin de rejeter sur l'arrière-main une pesanteur qui tendait toujours à se porter en avant.

Mais à présent, au contraire, que nos chevaux sont généralement plus fins, que par le croisement des races on est parvenu à se faire une espèce toute différente, que l'on recherche comme qualité les garrots élevés, les encolures fines et déliées et les épaules très relevées, nécessairement cette construction de l'avant-main doit tendre à surcharger le derrière. Dans ce cas, si l'on use sur le cheval ainsi construit des mêmes moyens pratiqués sur ceux d'une construction diamétralement opposée, on doit nécessairement tomber souvent dans l'erreur.

Il est rare de trouver un cheval parfait, c'est à dire chez lequel toutes les forces se balancent; généralement celui qui est supérieur dans son devant est faible dans quelques parties de son arrière-main. Il est donc nécessaire, lorsque l'on monte un cheval, de soulager la partie la plus faible aux dépens de la plus forte.

L'on sait que l'allure du galop est formée de sauts répétés, où à chaque temps l'arrière-main par sa flexion et son extension pousse la masse en avant, et qu'il est nécessaire alors pour embarquer un cheval au galop d'arrêter les mouvements des épaules, de les élever et de disposer par là l'arrière-main à agir pour pousser la masse. On conçoit que ces arrêts doivent être calculés en raison des chevaux que l'on monte. Car, si en effet l'arrière-main a besoin d'une sujétion nécessaire pour provoquer la flexion qui amenera l'extension qui doit chasser la masse en avant, il ne faut pas ôter les moyens à cette arrière-main d'agir avec force et facilité.

Chez le cheval qui a la position basse, et qui par conséquent a le devant trop chargé, il est bon de lever la main afin de rejeter sur le derrière assez de poids pour asseoir le cheval et provoquer cette flexion de l'arrière-main sans laquelle le galop n'aurait pas lieu.

Mais sur celui qui a la tête haute et les épaules élevées et qui se trouve naturellement assis, si vous élevez la main pour le préparer au galop, vous affaisserez par trop les hanches et restreindrez tellement les mouvements de ses jarrets qu'il ne pourra prendre cette allure; et si vous persistez à la demander de cette manière, il est rare qu'il ne se défende pas et que ce ne soit par une lançade qu'il cherche à porter sur l'avant-main l'excédant du poids qui surchargeait le derrière et l'empêchait d'agir; tandis qu'ayant la main basse, l'arrêt qui diminuera le mouvement des épaules reportera sur l'arrière-main assez de pesanteur pour provoquer le galop, tout en laissant aux hanches la position qui leur convient le mieux pour marcher cette allure.

Si l'arrêt que l'on marque pour mettre le cheval au galop ne lui convient pas, à plus forte raison il s'y soumettra plus difficilement lorsqu'il s'agira de l'arrêter.

Par exemple, voulant passer d'une allure rapide à une allure raccourcie, si vous élevez la main pour rejeter le poids du devant sur le derrière, alors en élevant la tête et l'encolure, et par conséquent les épaules, vous finissez par baisser les hanches et par restreindre le mouvement de flexion des jarrets. Plus le cheval sera sensible dans son arrière-main, moins il se soumettra à cette nouvelle sujétion, ou du moins s'il cède momentanément à l'action de la bride, il cherchera ensuite à faire reprendre à ses hanches et à ses reins une position élevée afin de soulager les jarrets. C'est alors qu'il donnera des contre-temps d'autant plus durs que les mouvements de son arrière-main seront restreints et affaissés, et que ces contre-temps se répéteront autant de fois que vous marquerez les arrêts de cette manière.

Tandis qu'ayant la main basse en offrant un appui, la tête du cheval se baissant chargera les épaules, permettra aux hanches de s'élever, et celles-ci à leur tour soulageront les jarrets, qui n'étant plus forcés dans leur flexion ne donneront plus cette extension brusque et répétée qui cause le contre-temps.

DÉFENSE DU CHEVAL.

La défense du cheval est calculée d'après sa position et son aplomb. Celui qui a le devant faible et qui par conséquent appuiera sur le mors, ayant cette partie plus basse que le derrière, s'il se défend lâchera la ruade ; celui qui sera trop assis ou qui aura le derrière faible, s'il vient à se défendre pointera.

Généralement il se servira pour sa défense de la partie la plus forte, parce qu'elle sera plus en état de repousser une attaque, comme aussi étant plus élevée et partant plus légère elle agira plus promptement. Il faut donc, en principe général, combattre la défense en cherchant à rétablir l'équilibre.

Les chevaux qui ont les jarrets douloureux, et qui par cette cause portent sur les épaules, ruent si l'on cherche à les asseoir avec trop de force, afin de se soustraire à cette nouvelle sujétion ; les chevaux qui ont de la faiblesse dans les jarrets ou dans l'arrière-main et qui se trouvent naturellement assis, pointeront au contraire, si le mors a une action trop grande, parce qu'ils chercheront à reporter en avant les pesanteurs qui surchargent leur arrière-main.

MOYENS

D'EMPÊCHER UN CHEVAL DE RUER.

Pour empêcher un cheval de ruer il faut lever la main et fermer les jambes, afin de l'asseoir et de le mettre en équilibre (fig. 22). Si la main seule agissait, présentant toujours un point d'appui, il se fixerait dessus et il reculerait si l'action en était trop forte; mais il ne cessera de ruer que lorsque les jambes, en agissant pour maintenir les hanches et l'empêcher de reculer, prêteront alors une force suffisante pour supporter l'action de la main, qui sera de rejeter le poids des épaules sur l'arrière-main.

MOYENS

D'EMPÊCHER UN CHEVAL DE POINTER.

Pour empêcher un cheval de pointer il faut tâcher d'établir l'équilibre en chargeant le devant (fig. 23). Ainsi, pour atteindre ce but, il faut présenter au cheval un point d'appui sur le mors, assez léger pour qu'il ne le redoute pas , et faire agir les jambes avec assez d'action et de force pour jeter l'arrière-main sur les épaules. Lorsque les jambes auront porté sur l'avant-main l'excédant de la pesanteur qui chargait le derrière , le cheval prendra alors sur le mors un appui qui lui sera nécessaire pour soutenir les épaules (1).

(1) Il est des cas où le cheval, ayant un mauvais derrière, pourra cependant ruer comme pointer avec de mauvaises épaules ; la défense part toujours de la partie qui est la moins chargée. (*Voyez* les explications sur l'aplomb du cheval et la position de la tête.)

DES CAUSES

QUI PRODUISENT LA DÉFENSE.

Plusieurs causes peuvent éloigner un cheval de l'obéissance : 1° l'ignorance ; 2° la faiblesse ou le manque d'haleine ; 3° la mauvaise vue ; 4° la souffrance ; 5° la folie ou l'immobilité.

Chacun de ces cas a des défenses qui lui sont propres.

1° Dans le premier cas, qui est le fait du jeune cheval, la défense, qui est toute de gaieté ou de surprise, se manifeste par des bons répétés, provoqués par la sensibilité que son dos et ses reins éprouvent lorsqu'il commence à porter le poids du cavalier. Si les moyens que l'homme emploie pour réprimer ces premiers écarts sont pris avec trop de violence, et qu'en voulant les maîtriser il fausse l'aplomb du cheval, alors celui-ci prendra un caractère de défense en rapport avec la position à laquelle on l'aura astreint ou bien en raison de sa construction : aussi ne faut-il attribuer les défauts de la plupart des chevaux qu'à la maladresse des individus qui les ont commencé. La longe et le caveçon doivent être considérés comme les meilleurs moyens de répression dans toute espèce de défense.

Sur le cheval qui bondit et met la tête entre les jambes, la saccade du caveçon portant sur le chanfrein lui relève la tête ; privé de ce secours, si le cavalier n'avait que la bride , souvent il n'aurait pas la force de la relever , et pourrait par les efforts qu'il ferait offenser la bouche, casser les barres et retarder pour long-temps l'éducation d'un jeune cheval.

Je le répète , c'est avec le secours de la longe qu'on pourra maîtriser les sottises de toute espèce de chevaux , et qu'on les amenera insensiblement à répondre à tous les effets de la bride et des jambes , c'est à dire à l'*obéissance parfaite*.

2º La faiblesse est plus particulièrement aussi le propre du jeune cheval ; elle est le résultat d'un travail au dessus de ses forces. Lorsqu'il ne peut ni bondir ni pointer pour se soustraire à des exigences qui lui deviennent insupportables , il marche avec incertitude , s'arrête, s'attache aux murs, aux arbres, à tout ce qui peut lui donner l'espoir du repos ; si à force de coups on parvient à le porter en avant, dès qu'il trouvera un nouveau prétexte il se dérobera , et peut-être alors forcera-t-il la main pour se rapprocher d'un objet qui lui offrira un abri et un moyen de se soustraire aux exigences du cavalier.

Un travail de la longe, simple et de courte durée , qu'on augmente en raison de la force que prend le cheval, l'amenera à l'obéissance. L'essentiel est qu'avant de le mettre en liberté il soit franc aux éperons, c'est à dire qu'il ne cherche pas à se dérober lorsqu'on les lui fera sentir, ce qui est facile à obtenir lorsqu'il sera maintenu par le caveçon. Une fois libre, on doit continuer à ne pas lui demander un travail au dessus de ses forces , car la fatigue et le manque d'haleine produiraient les mêmes effets.

3º Le cheval qui a une mauvaise vue se dérobe à l'approche de l'objet qui l'offusque. Lorsqu'on veut le ramener dessus avec violence, pour s'en éloigner il use de la défense en rapport avec sa construction ou sa position présente, comme il arrive souvent que pour le rapprocher de l'objet qui l'effraie on met dans l'action de la main une force d'autant plus grande qu'il met plus de résistance pour s'éloigner de cet objet. En agissant ainsi, on porte souvent sur l'arrière-main une pesanteur qui, gênant le cheval, le fait pointer; c'est pour cela que généralement le cheval peureux se cabre.

On ne peut pas empêcher un cheval d'être peureux, mais on peu atténuer ce défaut en le rendant franc devant lui, c'est à dire sensible aux jambes et bien fixe dans la main. Une fois renfermé dans la puissance des aides, les connaissant et se trouvant maintenu par elles, le cavalier, restant toujours en contact avec le cheval, sera ainsi prévenu de ses moindres craintes, pourra le maintenir, rectifier aussitôt le dérangement qu'amènerait une surprise, et finir par le faire marcher avec plus d'assurance.

Je ne puis mieux comparer la situation du cheval ainsi dirigé par l'homme qu'à celle de l'aveugle conduit par son chien; tant que la corde est tendue et qu'il sent son guide, l'aveugle marche avec confiance; si la tension cesse l'incertitude arrive.

4° Le plupart des chevaux rétifs le deviennent par souffrance. Combien s'en rencontre-t-il qui passent pour lunatiques, fous ou immobiles, chez lesquels la défense n'est produite que par la sensibilité des reins ou des articulations que la maladresse du cavalier excite? Tout cheval souffrant peut être utilisé, et beaucoup sont susceptibles d'un excellent service. C'est au cavalier à savoir discerner d'où vient la douleur qui cause la défense, et par son travail à placer le cheval de manière à soulager la partie douloureuse.

Quand les épaules sont raides ou que les poignets sont faibles, il faut faire supporter à l'arrière-main l'excédant du poids qui arrête le développement de l'avant-main, et régler les mouvements du derrière sur

le devant ; car si l'on veut forcer le train d'un cheval qui a peu de
développement ou de force de l'avant-main, il est aisé de sentir que
si les hanches pouvant couvrir plus de terrain que les épaules, on leur
laisse prendre tout leur développement, le devant sera bientôt surchargé, et si alors on excite le cheval pour forcer son train il se défendra,
et dans ce cas lâchera la ruade.

Lorsque les reins sont faibles, il faut soulager cette partie aux dépens
des épaules. Le cheval faible de reins est rarement bon au galop. Sa
défense consiste en lançades lorsqu'on cherche à l'asseoir : du reste
le cheval faible de reins se défend peu , attendu que généralement il
manque de force. Il faudrait qu'il fût bien fortement excité pour faire
des écarts graves, et alors on courrait le risque de le faire renverser.

C'est la sensibilité dans les jarrets, produite par des jardons ou des
éparvins, qui amène le plus de défense , parce que, n'excluant pas la
force, elle se trouve dans le cas d'être continuellement excitée par l'effet
du mors qui, tendant à ralentir , à arrêter ou reculer le cheval, agit
directement sur cette partie. Il faut donc lorsqu'on rencontre des jarrets douloureux faire agir la main avec assez de légèreté , de fixité et
de ménagement pour ne pas provoquer une irritabilité qui détermine
la défense, qui dans ce cas se manifeste par des pointes, des bonds en
avant, ou la fuite, et quelquefois même par des ruades (fig. 24).

Ces diverses défenses se maîtrisent par les secours de la longe. Si
dans le moment où l'on cherche au moyen de la bride et des jambes
à mettre le cheval d'aplomb, le fixer sur le mors, l'assouplir, il essayait
de se soustraire à cette sujétion, il faudrait supposer ou qu'on agit avec
trop de force, ou qu'habitué à faire des sottises il se sert du moindre
prétexte pour les recommencer ; dans ce cas on doit suspendre le
travail des aides , et faire exécuter au moyen de la longe ce qu'on
ne peut obtenir avec les mains ou les jambes. S'il se défend encore,

alors il faut user du caveçon comme correction, et s'en servir jusqu'à ce qu'il ait cessé de bondir , ruer, pointer ou s'emporter.

Il existe des cas encore où le cheval qui a de mauvais jarrets se dérobe, c'est lorsque étant tenu dans un grand train l'on veut exiger un tournant d'une façon trop rapide.

Les moyens qu'on emploie assez ordinairement pour maintenir un cheval dans la ligne dont il cherche à s'éloigner contribuent par la suite à le mettre dans le cas de faire cette sottise au moindre prétexte.

Par exemple, je suppose un cheval devant tourner à droite , et qui, par une raison quelconque de souffrance ou de volonté, se dérobe à gauche; généralement l'homme qui le montera, pour le faire tourner à droite, ouvrira la rêne droite et résistera sur cette rêne tant que le cheval n'aura pas cédé; il arrive alors que par cette action trop répétée de la rêne droite le cavalier offense la barre droite de manière à la rompre ou à lui donner une sensibilité telle qu'il ne répondra plus à ce mouvement d'attraction qui, tendant à porter la tête à droite, entraînait la masse de ce côté, tandis qu'au contraire cédant à la sensibilité qui lui vient de droite il se portera à gauche, et s'y jettera d'autant plus qu'on agira davantage sur la rêne droite, qui souvent dans ce cas pliera bien l'encolure à droite, mais fera reculer la tête de façon à ce que, le mouvement de l'épaule droite étant arrêté, il faudra absolument que le cheval s'échappe à gauche si l'on continue à le tenir en mouvement.

Le seul moyen de porter remède à ce mal c'est de rétablir l'équilibre de la sensibilité dans la bouche du cheval, d'offenser, s'il est nécessaire, la barre gauche, et faire tourner le cheval à droite par la résistance de la rêne gauche, ainsi que par l'action des jambes qui maintiendront ses hanches vis-à-vis des épaules.

5° J'ai cherché à faire connaître les meilleurs moyens de juger et de maîtriser les défenses du cheval. Lorsqu'elles sont causées par l'immobilité, la folie , etc., elles sont sans remède ; mais, je le répète, ces cas sont extrêmement rares , aussi faut-il avant de se laisser aller trop promptement à cette opinion se rendre compte si l'irritabilité et la violence qu'emploie le cheval pour se soustraire au frein sont produites par un vice de conformation du cerveau, ou bien si cette fureur qu'il manifeste dans la défense n'est pas produite par une souffrance des reins et des articulations.

DU JEUNE CHEVAL.

ÉDUCATION.

(Figure 25.)

Avant de commencer à monter un poulain , il est fort essentiel de le rendre familier à l'homme, de l'aborder avec confiance, et de le traiter avec douceur. Lorsqu'à l'écurie il supportera facilement qu'on lui mette le licol et le bridon , et qu'il recevra ce dernier dans la bouche sans témoigner de crainte , on le fera promener à la main. On mettra par dessus le bridon un caveçon pour le sortir , afin que s'il avait envie de sauter on puisse l'arrêter du caveçon ; car si dans ce cas l'on se servait du bridon, il pourrait par des mouvements trop brusques offenser ses barres et ses lèvres , ce qu'il faut éviter avec soin. Durant la promenade on marquera des arrêts fréquents du bridon pour familiariser la bouche avec cet appui. Une fois calme à la promenade à la main, on le mettra à la longe, en le faisant trotter en cercle.

L'usage de l'homme de bois élastique est très bon, parce qu'il l'habitue à une sujétion légère et égale et apprend au cheval à ne pas s'effrayer de l'objet qu'il porte. Quand au bout de quelque temps il marchera avec confiance le pas, le trot et le galop, allures qu'il prendra en l'excitant par la vue du fouet; qu'on l'arrêtera par la résistance du caveçon, résistance qui aura lieu en agitant légèrement la longe, et qu'enfin il sera obéissant et attentif à ce premier frein, on essaiera de le monter.

On l'abordera alors avec précaution, on le montera et descendra plusieurs fois. Quand il montrera de la confiance, on restera dessus, on le fera conduire à la main en le tenant toujours de très près, afin de le faire arrêter par le caveçon s'il tentait de bondir ou de se dérober. Pendant la marche le cavalier sciera les bridons afin de lui en faire insensiblement connaître l'effet.

Lorsqu'au bout de quelques jours il marchera sagement, on lui donnera de la longe, et le cavalier tentera de le marcher sur les cercles au pas et de le changer de main à cette allure. En raison de ses progrès, on passera aux allures plus allongées; la personne tenant le caveçon aura soin de surveiller le cheval pour l'arrêter en le tirant à elle, aussitôt qu'il marquera l'envie de se déranger. On suivra ce travail long-temps ainsi, jusqu'à ce que le cheval ayant acquis une entière confiance, on puisse le mettre en liberté (fig. 26). On lui fera suivre le même travail et le même terrain qu'il avait l'habitude de parcourir, étant tenu à la longe, parce que marchant sur un terrain et suivant un travail connu, il suivra l'un et l'autre sans résistance, et qu'alors le cavalier aura plus de facilité pour l'amener insensiblement à la connaissance des aides; enfin quand il commencera à se familiariser avec l'homme, et à répondre aux aides, on pourra le soumettre à des promenades au dehors, afin de l'habituer à la vue des objets. Dans ces promenades, il sera bon qu'il soit accompagné d'un vieux cheval qui, lui servant de guide, le fera passer souvent devant des objets qui auraient pu l'effrayer s'il avait été seul. Ainsi guidé, il prendra naturellement l'envie de se porter en avant, et par conséquent recherchera de lui-même cet appui dans la main, qu'il est si nécessaire de donner aux chevaux pour pouvoir les diriger avec justesse et précision. La présence d'un autre cheval lui donnant moins d'incertitude et de distraction, le cavalier trouvera le moyen de lui mieux faire connaître la puissance de ses aides, et arrivera par là à pouvoir en être entièrement le maître lorsqu'il voudra le monter seul.

On doit surtout éviter de mettre un jeune cheval dans le cas de faire une sottise, lorsqu'on ne pourra pas l'arrêter ; car alors on fait naître une défense qui ne peut plus être maîtrisée qu'aux dépens de ses moyens.

Lorsque le cheval aura acquis de la force ainsi que la connaissance des aides et des objets, alors on peut le monter seul et le soumettre à un travail régulier.

On commencera à l'astreindre en bridon au travail d'une reprise simple sur les cercles et sur le large. En le descendant on lui apprendra à marcher la tête au mur, comme il est dit page 79. Au bout de quelque temps on le passera à la longe afin de lui donner connaissance des éperons, et de le rendre franc à leur attaque. On commencera d'abord par le porter en avant par deux coups de talon; une fois qu'il répondra franchement, on mettra des éperons en graduant leur effet. Il arrive souvent que lorsqu'on débute par attaquer trop vigoureusement, loin de porter le cheval en avant on peut provoquer une défense, qui n'a pas lieu lorsque par degrés on l'amène à la connaissance de l'entier effet des éperons.

C'est parce qu'il arrive souvent que le cheval résiste et se défend la première fois qu'on se sert des éperons, que j'engage de le mettre à la longe pour les lui faire connaître, parce que alors en l'attaquant, s'il marque de l'incertitude, on le fait suivre d'un fouet dont on le frappe sur l'arrière-main pour le pousser devant lui ; comme s'il cherchait à bondir, on trouverait dans les saccades du caveçon les moyens de rompre cette défense. On doit s'attacher à rendre un cheval franc aux éperons, c'est à dire qu'il se porte franchement en avant lorsqu'on l'attaque ; le cheval qui saute ou qui se défend dans ce cas ne peut être considéré comme dressé.

Quand on sent que l'intelligence et la force du cheval se développent, on lui met le mors. On commence par lui en faire connaître l'effet en le promenant à la main, lui faisant marcher la tête au mur, etc..... Une fois habitué à ce nouvel appui, on le monte en ayant soin de conserver toujours le bridon, dont on se sert aussitôt qu'on s'aperçoit que le mors fait trop d'effet; c'est au moyen du bridon, que le cheval connaît déjà, qu'on l'amène insensiblement à répondre à l'effet de la bride. On répétera dans le commencement souvent des arrêts de la bride pour qu'il apprenne à s'appuyer sur le mors (1). On essaiera ensuite de le faire tourner en ouvrant les rênes, et en rectifiant avec

---

(1) Que le cheval soit en bridon ou en bride, il est essentiel pour que la tête s'assure plus promptement de lui mettre une martingale fixe. La martingale, en maintenant la tête du cheval, nous met dans le cas de faire comprendre beaucoup plus promptement l'action du mors et ses divers effets.

Quant à la martingale à anneau, elle est plus applicable sur un cheval déjà fait qui a besoin d'avoir les hanches assouplies ; il ne faut user qu'avec beaucoup de prudence de ce dernier moyen, et agir avec connaissance de cause ; car son effet est tellement puissant qu'une main inhabile, en s'en servant, pourrait offenser les jarrets d'un cheval.

le bridon ce qui pourrait être trop dur avec la bride. A mesure qu'il se forme à ce nouveau travail, on le rassemble en tirant la main à soi ; une fois qu'il prend bien le mors sans le secours du bridon , on le marche au trot ordinaire et au galop alongé, afin que se portant en avant il se familiarise avec ce nouvel appui. On le rassemble par degrés , et enfin on finit par l'astreindre au travail que j'ai indiqué pour les reprises.

Surtout que le jeune cheval soit monté peu et souvent ; qu'on descende aussitôt qu'on le sent fatigué , et qu'enfin on n'exige rien au dessus de sa force; car en voulant aller trop vite , on l'écraserait ou l'on retarderait au moins son éducation.

En ne perdant pas de vue la nécessité qu'il y a de mettre un cheval à son aise , en le maintenant dans son aplomb, l'homme intelligent dressera promptement toute espèce de cheval, lorsqu'il aura soin de le prendre dans sa force. Le plus long d'ordinaire est la vigueur qui est tardive chez les jeunes sujets; en conséquence il est bon de les faire monter dans le principe par des enfants afin de moins les charger.

Il arrive souvent que beaucoup de chevaux se défendent par faiblesse , et le plus sûr moyen de les dresser est une bonne nourriture et le repos.

FIN.

LETTRE

SUR L'ÉQUITATION.

Fig: 27.
Lith. de Frey

MADAME,

. Tout le talent auquel vous devez aspirer est de juger le genre de
cheval qui convient à une femme, la position que vous devez avoir,
les moyens à employer pour établir un aplomb d'allure qui fasse que les
mouvements, étant plus doux, vous vous trouviez portée plus commodément, et enfin la manière d'exiger, de changer les allures et de
conduire votre cheval dans toutes les directions.

On recherche en général chez le cheval destiné à votre sexe une
taille élevée : la raison en est que plus il y a de taille, plus on a de

34

chances de rencontrer de grands mouvements qui, se répétant moins souvent, seront nécessairement plus doux. Cependant il arrive que des allures allongées se rencontrent dans de petits chevaux, comme des mouvements rétrécis chez des chevaux de grande taille; il faut donc moins vous arrêter à la hauteur du cheval qu'à des mouvements libres et allongés qui dénotent toujours des allures agréables et de la sûreté de jambes. Quant à votre posture, madame, qu'ai-je à vous demander pour qu'elle soit pleine de grâce et de charme, si ce n'est qu'elle soit naturelle et sans apprêts, qu'enfin vous apportiez à cheval cette aisance est ces manières nobles qui vous distinguent dans l'habitude de la vie. Je ne vous parle pas cependant de cette attitude nonchalante et abandonnée si familière aux femmes, et qui a tant d'attraits; à cheval, madame, il faut une attitude décidée qui sente le vouloir; il n'y a rien de si gracieux qu'une femme ordinairement forte de sa faiblesse, montrant une énergie qui, semblant se communiquer à son cheval, a l'air de redoubler son action. Dans ce cas, que le corps soit bien soutenu, un peu incliné en avant, comme pour dire à votre monture, c'est en avant que je veux aller.

Mais pour vous aider à garder cette position il faut faire le choix d'un cheval dont les dispositions naturelles soient en rapport avec les moyens que vous avez pour le soumettre à l'obéissance, n'ayant ni jambes ni éperons pour le pousser en avant. Un cheval d'un caractère froid ne peut vous convenir; celui qui aurait une trop grande énergie et qui prendrait un fort appui à la main, ne serait pas plus votre fait, car en tirant sur la bride, il vous obligerait pour l'arrêter d'employer une force qui fausserait votre position, vous fatiguerait et finirait à la longue par vous emporter, n'ayant plus en vous-même la force de le retenir.

Vous devez donc rechercher le cheval qui, ayant une construction saine, c'est à dire qui n'ayant point de tarres (1), offre des garanties de sagesse, et dont l'espèce ou le sang lui donne une énergie et une sensibilité que vous pourrez atténuer ou exciter par les moindres effets de votre bride ou de votre cravache.

Je serai obligé de faire ici une digression pour vous apprendre, madame, ce qu'on entend par un cheval d'espèce ou de sang.

Dans le moyen âge, les chevaux neustriens étaient en renom dans les tournois. C'était alors la race la plus estimée de l'Europe ; aussi les chevaliers de toutes les nations donnaient-ils la préférence aux dextriers de ce pays ; l'Angleterre, si renommée aujourd'hui par son espèce chevaline, vit l'aurore de ses progrès en ce genre, lors de la conquête de Guillaume, qui, se fixant en Angleterre, emmenant après lui une suite nombreuse d'écuyers, de chevaliers et d'hommes d'armes, importa ainsi dans le lieu de sa conquête les meilleurs chevaux que l'Europe produisait à cette époque.

Mais à mesure que la tenue des hommes de guerre se simplifia, que les armures devinrent plus légères, que l'on sentit enfin la nécessité de donner à cette espèce chevaline plus de légèreté dans la construction, et de rapidité dans les mouvements, on songea à établir des croisements qui devaient atteindre ce but, mais qui en raison du peu de lumières de chacun, eurent des résultats plus ou moins satisfaisants qui firent apercevoir qu'en ayant voulu modifier cette espèce, on l'avait abâtardie, et que les produits n'avaient plus ni la même force ni la même énergie.

---

(1) On appelle un cheval d'une construction saine, celui qui est exempt de *tarres*. Les *tarres* sont des callosités ou des relâchements qui se présentent aux diverses articulations, en gênent les mouvements et provoquent chez le cheval une douleur qui, lorsqu'elle est excitée, le désordonne et l'éloigne de l'obéissance. **Les tarres**, lorsqu'elles sont fortement prononcées, font boîter les chevaux.

On vit alors que les races indigènes devenaient insuffisantes à l'accom-
plissement du travail qu'on avait entrepris. Quelques chevaux arabes
qu'on amena en Europe à l'époque des croisades , donnèrent déjà des
produits qui prouvèrent la supériorité de ces espèces étrangères : c'est
ce qui fit que plus tard, lorsqu'on songea sérieusement à l'amélioration
de nos races , des hommes éclairés jetèrent les yeux sur l'Orient , ce
berceau du monde et de la civilisation , pour y rechercher chez les
tribus arabes la race primitive pure et sans mélange.

Il pourra vous paraître étonnant que ce soit chez des hordes barbares
qu'on aille chercher le type parfait du cheval ; mais votre surprise
cessera lorsque vous saurez que de temps immémorial l'Arabe s'occupe
spécialement de ce genre d'éducation ; le cheval n'est pas pour lui,
comme pour nous , un accessoire de l'existence et l'emblème de la ri-
chesse, c'est toute sa vie , c'est son ami le plus dévoué , il partage avec
lui ses peines et joies , ses fatigues et son repos. Sa noblesse est celle
de son cheval, il a sa généalogie, connaît ses affiliations et peut prouver
jusqu'à plus de trois mille ans que son compagnon , son ami fidèle
est de race noble et de sang qu'aucune mésalliance n'a pu tacher. Cette
noblesse chevaline s'appelle en Arabie la race des *Koclhani ;* les races
croisées , ou qui laissent du doute sur la pureté de l'alliance, des
Kadischi ; il existe aussi des races communes ou plébéiennes, car il y a
des vilains partout. Dans la caste des Koclhani , madame, il y a de
hautes prétentions nobiliaires, car certaines tribus prétendent avoir des
chevaux qui descendent en droite ligne d'un étalon ayant appartenu
à Salomon , et que le roi montait à la guerre. Il arriva que ce cheval
reçut au défaut de l'épaule et de l'encolure un coup de lance qui lui
laissa une cicatrice qu'il transmit, à ce qu'on prétend, à toute sa des-
cendance ; en effet, j'ai remarqué sur plusieurs chevaux arabes , ou
sur des espagnols , qui ont aussi une origine orientale depuis la con-

quête des Maures, un enfoncement au bas de l'encolure, qui ressemble
à une blessure et qui n'est qu'une bizarrerie de la nature que l'on
nomme coup de lance, pour faire allusion à la fable que je viens de
vous rapporter; car je me garderai bien d'insister pour vous faire
croire une chose qui ne servirait par la suite qu'à vous faire douter de
toutes les vérités que je pourrais vous dire, et qui vous paraîtraient
quelquefois invraisemblables.

Ce fut donc, madame, cette race de koclhani et de kadischi qu'on
importa en Europe, afin de la mélanger à notre espèce indigène, pour
lui donner la vigueur, le fond, la sensibilité et l'énergie qui est le
propre de la race arabe; ainsi, lorsque vous entendez dire qu'un cheval
a du sang ou de l'espèce, c'est que sa tournure, son élégance et sa viva-
cité laissent supposer que dans ses veines coule du sang oriental.

Mais afin de n'être pas toujours tributaires de l'Arabie, les Européens
tentèrent d'acclimater la race sans mélange. Indépendamment des
étalons, ils importèrent des juments de pur sang, afin de faire naître
le pur sang en Europe.

Vous jugez, madame, qu'il fallut de grands soins pour que des
produits qui auraient dû naître sous un ciel et sur des sables aussi
brûlants que ceux de l'Arabie pussent s'acclimater dans un pays aussi
tempéré et aussi humide que le nôtre.

Les Français eurent peu de succès dans leurs essais, parce qu'ils
n'y mirent point assez de persévérance. Cependant notre race limou-
sine, si renommée jadis, ne devait sa supériorité qu'aux chevaux arabes,
importés lors des croisades. Je crois que le climat du Limousin et le
hasard firent cette race bonne; l'ignorance, la négligence et le
manque d'encouragement l'ont totalement perdue; mais l'Angleterre,
au contraire, a complétement réussi. Ce peuple suivit dès le principe
les errements des Arabes à l'égard des généalogies, car les chevaux

de pur sang nés en Angleterre ont aussi leurs parchemins. Les divers
produits furent mis en concurrence dans les courses afin de juger leur
force et leur supériorité. Les meilleurs résultats furent conservés pré-
cieusement comme producteurs. Les soins, les bonnes nourritures et
les emplacements chauds et commodes, rendirent à ces chevaux la
différence du climat moins sensible. Enfin, madame, les Anglais sont
parvenus à acclimater en Europe la race arabe en lui conservant la
même énergie, la même pureté de sang, en même temps qu'ils en ont
grandi la taille et peut-être augmenté l'élégance.

C'est sous Henri VIII qu'on s'occupa spécialement de l'amélioration
des races en Angleterre. Les courses furent instituées à cette époque,
et ce roi, qui ne ressemble en rien à ceux de nos jours, prévoyant
qu'en améliorant les races des chevaux dans son royaume il le dote-
rait pour l'avenir d'un bien-être et de produits énormes, rendit un édit
qui ordonnait de tuer chez tout anglais qui possédait des juments celles
que les experts en cette matière ne jugeraient pas propres à une reproduction convenable; le despotisme d'Henri fut un grand bien pour son
pays, puisque l'Angleterre est à présent la contrée de l'Europe où la
cavalerie est la mieux montée, les voitures publiques menées avec le
plus de célérité, les chevaux de chasse les plus beaux et les meilleurs,
les chevaux de course, considérés non seulement comme les coursiers
les plus renommés, mais comme les producteurs les plus recherchés;
et enfin, madame, malgré tout ce bien-être intérieur et cette gloire,
l'exportation des chevaux anglais sur les continents rapporte à l'Angleterre plus de vingt millions par an. Malgré tous ces bienfaits, je crois
qu'il serait bien mal venu le roi qui de nos jours, pour le bonheur de
son peuple, agirait comme Henri VIII.

Vous savez à présent, madame, ce que c'est que les chevaux de pur
sang; vous voyez qu'il peut s'en trouver en tout pays, mais que leur

point de départ est l'Arabie. Le cheval de demi-sang est le produit du pur sang avec un sang indigène. Le trois quarts de sang, le produit du pur sang avec le demi-sang. Je crois, madame, que c'est un cheval issu de cette dernière manière qui doit convenir aujourd'hui à une femme, en répudiant à tout jamais la hacquenée et la jument d'allure, qui jadis faisaient les délices de nos vagabondes damoiselles et qui sont aujourd'hui tout au plus dignes de porter nos fermières normandes au marché.

Avant d'être entré dans cette longue et peut-être ennuyeuse digression sur le cheval de sang, nous avions parlé de votre posture. Lorsque vous aurez pris une bonne attitude', le moyen de la conserver est de rechercher des points d'appui, qui, vous fixant et vous liant au cheval, vous identifient à ses mouvements. Ainsi votre jambe droite qui passe dans le crochet de la selle doit être pliée de manière à ce que vous puissiez étreindre ce crochet lorsque des secousses violentes pourraient vous désarçonner; la jambe gauche doit être dans toute sa longueur, le plus près possible du corps du cheval, en appuyant le pied dans l'étrier, parce que plus vous aurez de contact, plus vous aurez de tenue. Votre étrier sera assez court pour qu'en appuyant dessus, le talon soit plus bas que la pointe du pied; et afin que votre jambe ne s'éloigne pas, vous fixerez le plus possible votre genou gauche sur la selle, en tournant autant que possible cette jambe sur son plat.

Quand le corps sera ainsi fixé, vous aurez alors le double emploi de vos mains, chose plus essentielle encore pour vous, madame, que pour les hommes, puisque la manière dont vous êtes placée vous ôte le secours puissant des jambes, et que ce sera l'adresse que vous emploierez à vous servir de votre main qui pourra suppléer au manque d'un semblable secours.

Vous devez considérer le main qui tient la bride comme un gouvernail qui doit régler tous les mouvements de votre cheval. C'est pour cela qu'une fois en marche , il faut qu'elle se fixe, et qu'en tirant un peu sur le mors vous vous mettiez en contact avec la bouche, afin que ce contact établi , votre cheval puisse se fixer et attendre pour changer ses mouvements ou sa direction que votre main change de place.

Si je compare la bride qui dirige le cheval au gouvernail qui dirige une barque, c'est qu'en effet sur beaucoup de points, barque et cheval sont mus par les mêmes causes , c'est à dire par des résistances et des oppositions. Ainsi, madame , lorsque vous parcourez dans votre légère nacelle les mille détours de la rivière qui baigne votre parc, si beau et si plein de grands souvenirs, quand assise sur la poupe, vous tenez en main le gouvernail , vous savez que pour voguer en ligne droite il faut que ce gouvernail soit maintenu bien droit , mais qu'il suffit de le déranger et d'offrir une résistance plus forte d'un côté , pour qu'alors la proue quitte le sillon qu'elle s'était ouvert, et qu'elle fende les eaux dans une direction opposée à la résistance qu'elle vient de recevoir.

L'avant-main du cheval maintenu par la puissance du mors et des deux rênes , de même se maintiendra droit tant que ces deux rênes auront une action égale; mais dès que cette égalité cessera, la pression la plus forte fera tourner le cheval du côté opposé. Ainsi, lorsque tenant votre bride dans la main gauche, vous voudrez aller droit devant vous, vous aviserez à ce que vos rênes soient égales et que votre main se trouve placée au dessus de l'encolure. Quand il vous plaira d'aller à droite , vous porterez la main de ce côté ; la main cessant de rester au dessus de l'encolure, les rênes cesseront alors d'être égales, la droite deviendra balante et la gauche , au contraire , s'appuyant sur le côté gauche de l'encolure et du mors , marquera une pression que le cheval fuira en se portant à droite, tant que cette pression aura lieu, le cheval tour-nera ; dès que vous voudrez cesser de tourner , il suffira de placer la main dans la nouvelle direction que vous désirerez suivre, et dès que l'encolure sera arrivée sous votre main, les rênes ayant alors une action égale, le cheval marchera droit, arrêtera si après avoir fixé votre main vous marquez un temps d'arrêt.

Vous pouvez encore faire tourner un cheval par l'écartement d'une rêne au lieu de la pression : ainsi voulant tourner à droite, vous laisserez votre main gauche fixe, prendrez la rêne droite avec la main droite et l'écarterez de manière à attirer la tête à droite. La tête s'étant portée dans cette direction, si le mouvement se continue, le reste du corps suivra nécessairement la nouvelle direction que vous aurez donnée à la tête. Si le cheval refusait de répondre à cette action, vous agiriez en même temps avec la pression de la rêne gauche. Ainsi vous voyez, madame, que vous avez deux moyens au lieu d'un pour tourner à droite ou à gauche.

La bride a d'autres propriétés qui vous sont fort essentielles à connaître : celle de pouvoir agir sur l'arrière-main ; le cavalier au moyen de ses jambes peut par leur pression agir sur les hanches du cheval. Cette propriété est une grande ressource pour le bien conduire, attendu qu'il arrive souvent que les chevaux marchent de travers, c'est à dire que les hanches ne suivent pas exactement la ligne des épaules ; cette manière d'aller serait de plus fort incommode pour vous, aussi faut-il avoir le moyen de la rectifier.

La disposition naturelle du cheval étant de se porter en avant, lorsque nous avons voulu l'approprier à nos besoins il a fallu rechercher un frein qui, tout en ayant la propriété de changer sa direction, eut aussi celle de ralentir son action et de l'arrêter. Qu'est-ce qui fait qu'il s'arrête lorsque vous tirez sur le mors ? c'est que celui-ci, en basculant, fait éprouver au cheval une pression de devant en arrière qui lui fait reculer la tête, relève ses épaules, et rejetant le poids qui se portait en

avant sur l'arrière-main , ralentit sa marche , l'arrête ou le fait reculer, en raison de la force et de la continuité de la résistance que vous
marquez sur le mors.

Vous voyez d'après cela, madame, que votre bride peut agir sur
l'arrière-main , puisque en tirant dessus vous pouvez la faire marcher
la première , c'est à dire faire reculer votre cheval. On peut ensuite ,
et vous le comprendrez facilement, le faire reculer droit ou de travers.
Si les hanches sont exactement sur la même ligne que les épaules, en
tirant également sur les deux rênes , les pressions étant égales sur les
deux côtés de la bouche , la tête et l'encolure resteront droites , et se
portant en arrière feront reculer de même d'une manière droite les
épaules et les hanches. Mais si vous vouliez reculer de travers, il faudrait
alors marquer sur un côté de la bouche une résistance plus forte que sur
l'autre côté. Vous vous doutez, madame , qu'étant sur une ligne droite ,
s'il vous plaisait de faire sortir la hanche gauche de cette ligne, il
faudrait marquer sur la bride une résistance plus forte du côté opposé ;
car, dans ce cas, en agissant avec plus d'action sur la rêne droite,
le cheval amenant et reculant un peu la tête à droite , cette position de
la tête fera reculer plus l'épaule droite que la gauche, ce qui mettra le
cheval de travers et lui rejettera l'arrière-main à gauche; il en sera
de même toutes les fois que vous voudrez faire tourner votre cheval ;
en même temps que le devant se porte à droite, l'arrière-main est
forcée de se porter à gauche.

Ainsi , marchant au pas, au trot ou au galop, si les hanches ne
suivent pas la ligne des épaules, il vous suffira pour mettre le cheval
droit de marquer une résistance plus forte sur une rêne que sur l'autre.
Par exemple, si les hanches tombaient à droite , vous marqueriez alors,
en tirant à vous la rêne droite, une résistance qui, portant un peu la
tête droite et reculant l'épaule droite, redressera la hanche de ce côté,

puisque ce mouvement doit contribuer à rejeter l'arrière-main à gauche. Si cette action ne suffisait pas, vous pourriez vous servir de votre cravache que vous appuieriez sur le ventre du cheval, afin que cette pression pût pousser l'arrière-main encore à gauche. S'il déviait en portant l'arrière-main à gauche, vous agiriez avec la rêne gauche, en vous aidant cette fois de la pression de votre talon gauche, qui a la propriété de pousser les hanches à droite.

Tâchez de comprendre, madame, que cette action que vous marquez sur les rênes et que j'appelle résistance, n'a rien de commun avec la pression que vous marquez sur l'encolure pour le faire tourner : l'action n'est plus la même, on ne l'exige pas de la même façon. Il arrive cependant qu'il faille alternativement et instantanément donner à vos rênes les deux actions différentes. Une grande justesse est nécessaire pour que, tout en rapprochant ces effets divers, la différence en soit sensible au cheval. Par exemple, madame, il est des cas où vous voulez, au lieu d'aller en avant, faire appuyer votre cheval de gauche à droite ou de droite à gauche, en marchant sur les pas de côté. Souvent aussi, tout en marchant, il vous plaira d'aller d'un côté d'une route à un autre côté, en faisant marcher encore votre cheval sur les hanches ; eh bien ! c'est au moyen de la résistance dont nous venons de parler, et ensuite de la pression de la rêne sur l'encolure que vous pourrez obtenir ces divers résultats.

Si vous voulez appuyer de gauche à droite sans aller en avant, il vous suffira d'abord de mettre votre cheval en mouvement, de marquer un temps d'arrêt de la bride, assez fort pour qu'il ne se porte pas en avant ; vous établirez alors une résistance de la rêne gauche, afin de jeter les hanches à droite et les engager de ce côté. Une fois que vous avez obtenu ce premier mouvement, vous portez aussitôt la main à droite, afin de faire agir votre rêne gauche par pression sur l'encolure pour porter les épaules à droite , et vous répéterez alternativement ces deux mouvements afin que tout en engageant les hanches, les épaules se trouvent placées sur la même ligne que l'arrière-main.

Afin que le cheval soit plus impressionnable aux divers effets des rênes et qu'il ne recule pas , il faut avoir soin de réveiller son action par quelques coups de cravache sur l'encolure, comme vous pourrez ; pour redoubler cette action et pousser les hanches de gauche à droite, vous servir de votre talon gauche , que vous appuierez fortement et par à coups sur le ventre du cheval ; il faut encore , en revenant de droite à gauche , user de la cravache sur le flanc, pour rejeter l'arrière-main à gauche.

Lorsque vous voudrez appuyer ainsi en allant en avant, vous userez des mêmes moyens , excepté que vous laisserez à la bride plus de liberté.

Voilà , madame, les seuls moyens qu'ont les femmes pour diriger leurs chevaux ; avec du tact, elles peuvent, à l'aide de ces faibles secours, savoir cependant changer , régulariser les allures et les maintenir d'aplomb.

Lorsque vous voulez marcher le pas , il suffit d'exciter légèrement le cheval, soit par un appel de langue, soit par un petit coup de fouet sur l'encolure, en maintenant votre main légèrement devant vous. Une fois le pas déterminé , vous le régulariserez, c'est à dire que si vous sentez qu'il aille avec trop de précipitation , vous marquerez un arrêt de la main, jusqu'à ce que vous sentiez qu'il marche également et d'aplomb ; s'il n'allongeait pas assez, vous l'exciteriez de la cravache.

Pour marcher au trot , vous donnez au moment du départ un peu de liberté à la bride , en laissant toutefois votre main bien fixe devant vous, afin que votre cheval se maintienne droit ; vous exciterez plus fortement de la cravache pour augmenter son action et le porter en avant ; une fois l'allure prise, votre main se fixera au point que vous croirez devoir faire effet pour que le trot soit régulier, c'est à dire que les battues se succèdent assez également pour qu'elles aillent en mesure. Vous aurez soin de maîtriser de la bride ou d'exciter avec la cravache, en raison du plus ou du moins de rapidité que vous désirerez obtenir.

Dans le pas et le trot, le cheval place alternativement ses jambes également devant lui, il faut donc pour obtenir ces deux allures le maintenir droit. Le galop diffère en ce qu'il entame le terrain toujours du même côté, pendant toute la durée du temps de galop, c'est à dire que lorsqu'il court à droite, il entame le terrain avec le pied droit. C'est lorsqu'il court sur ce pied que vous vous trouvez portée plus commodément. Lorsqu'il court à gauche, c'est son pied gauche qui précède. Vous sentez que pour prendre l'un ou l'autre pied, il y a nécessairement une préparation à faire, c'est à dire que lorsque vous voulez partir à droite, il faut porter votre main un peu à gauche afin d'avancer l'épaule droite et marquer ensuite une résistance sur la rêne gauche, qui en reculant le côté gauche mettra le droit dans le cas de se maintenir en avant.

Comme le galop ne peut se déterminer que lorsque le cheval est un peu assis, il faut en même temps que vous agissiez de manière à placer le côté droit le premier, arrêter par l'action de la main le développement des épaules, et engager ainsi le cheval à s'enlever au galop, en ayant toujours soin d'entretenir et même d'augmenter son action par des coups de cravache sur son encolure.

Si la fantaisie vous prenait de changer de pied, c'est à dire de passer à gauche, vous rompriez par un fort arrêt le galop à droite, placeriez de suite l'épaule gauche la première en portant la main à droite, et en marquant une résistance sur la rêne droite, afin de faire avan-

37

cer tout le côté gauche et reculer le droit. Enfin exciter de nouveau de la cravache et marquer un petit temps d'arrêt : alors, madame, votre cheval partira infailliblement à gauche.

J'ai peut-être été bien long et bien diffus , pour vous donner l'explication des moyens qui sont à votre portée et donc vous devez user pour tirer parti d'un cheval. J'espère, madame , que dans l'avenir tous ceux que vous me permettrez de vous faire monter vous comprendront, parce que je m'efforcerai de leur donner une éducation en rapport avec le tact que vous acquerrez ; c'est du reste pour moi une tâche bien douce, mais difficile peut-être, que de prendre l'engagement de vous dresser des chevaux toujours dignes de vous.

FIN.

ERRATA.

Page 4, ligne 11, *au lieu de :* Louis XIII et de Louis XIV ; *lisez :* Louis XIII,
Louis XIV et de Louis XV.

Ligne 17, *au lieu de :* Louis XV ; *lisez :* Louis XVI.

Page 34, ligne 2, *au lieu de :* la main ; *lisez :* l'arrière-main.

Page 78, ligne 22, *au lieu de :* que l'on se plie ; *lisez :* qu'on le plie.

Page 82, ligne 3, *au lieu de :* pas forcé ; *lisez :* un peu forcé.

Page 123, ligne 7, *au lieu de :* dontil ; *lisez :* dont il.

page 128, ligne 13, au lieu de lui
faisant marcher lisez: le faisant...

II.

Position de l'Homme à Cheval.

Page 11.

Fig 3.
Lith. de Frey.
Pp. Ladrieu

III.

Cheval au Repos et d'Aplomb.

Page 33.

IV

Cheval de Course

portant sur les épaules et prenant un fort point d'appui sur la main.

Page 36.

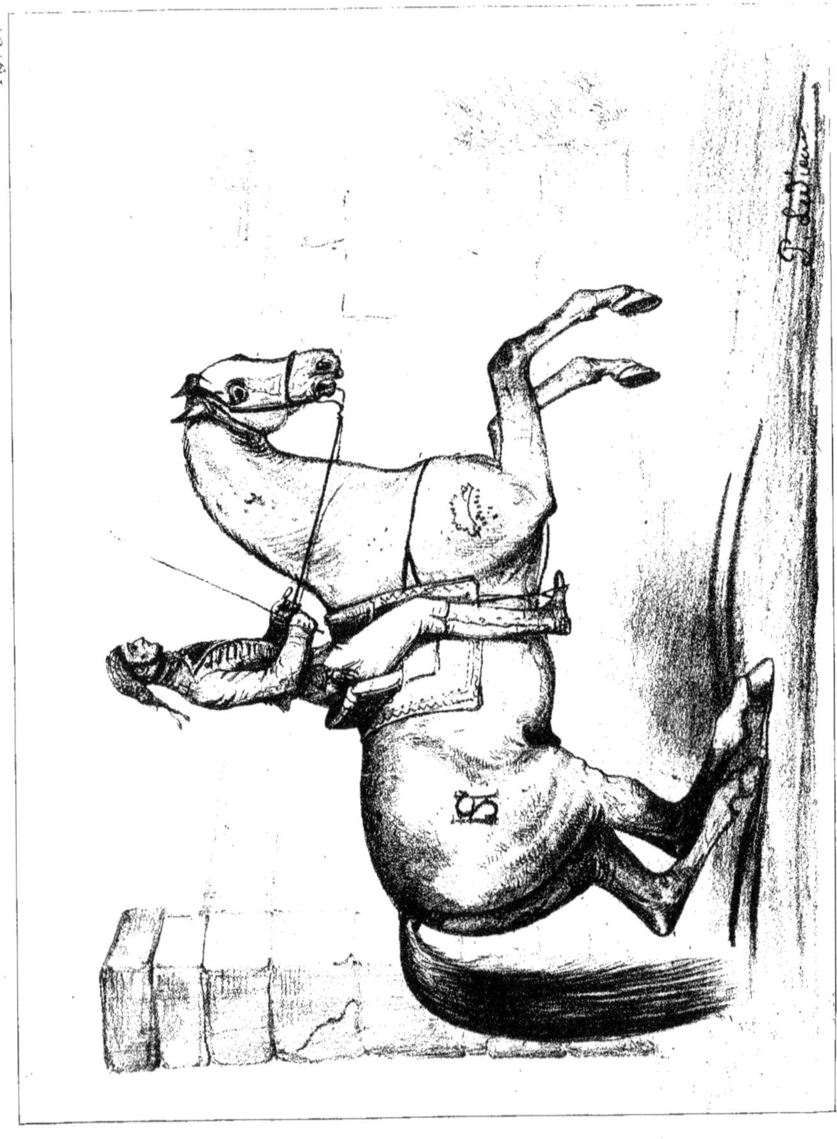

V.

Cheval assis et portant sur l'Arrière-Main.

Page 36.

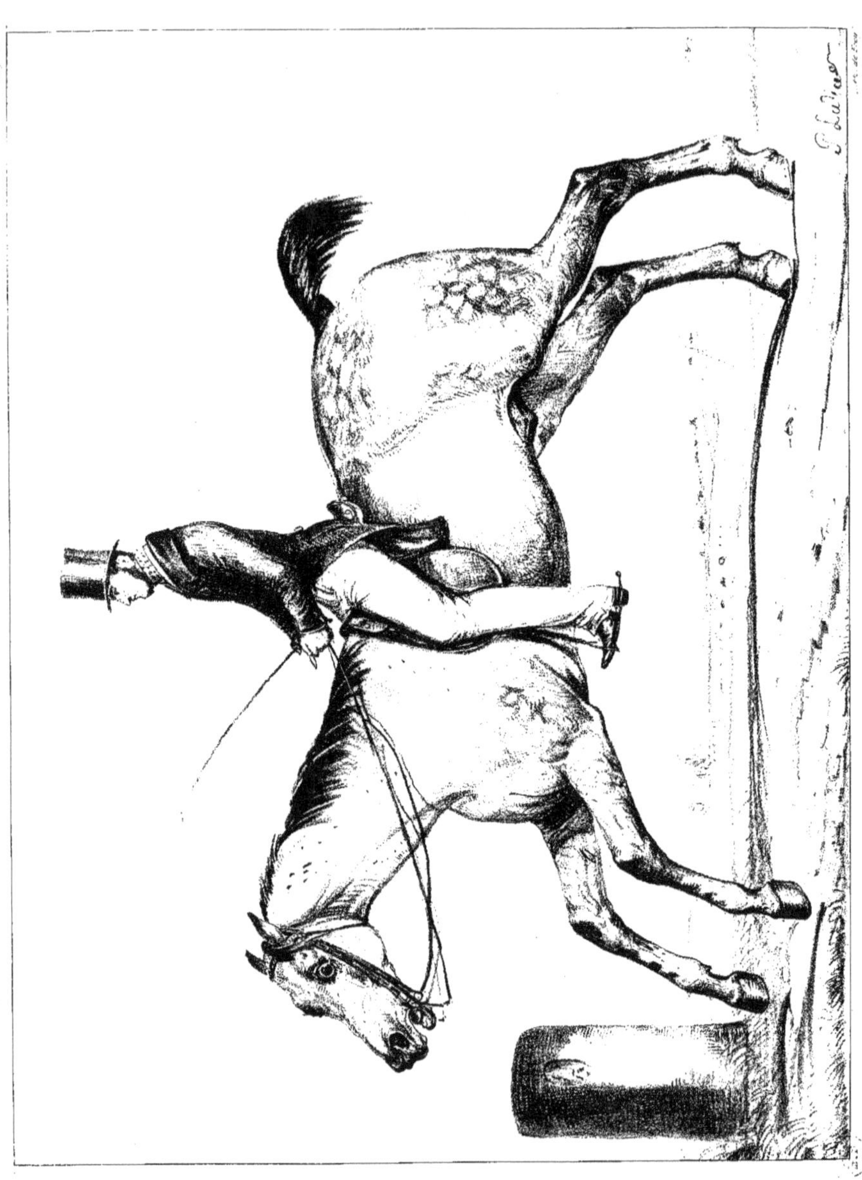

VI.

Cheval portant sur l'Avant-Main.

1er cas.

Page 42.

Fig. 7.
Lith. de Frey.

VII.

Cheval portant sur l'Avant-Main.

1ᵉʳ cas, 2ᵉ pl.

Page 42.

Lith. de Frey.

VIII.

Cheval portant sur l'Avant-Main.

2ᵉ cas.

Page 42.

IX.

Cheval portant sur l'Avant-Main.

3ᵉ cas.

Page 12.

Fig: 16.
Lith. de Frey.

X.

Cheval portant sur l'Arrière-Main.

1er cas.

Page 47.

Fig: 11.
P. Lehnert

XI.

Cheval portant sur l'Arrière-Main.

2ᵉ cas.

Page 47.

XII.

Cheval Anglais.

Page 49.

Fig: 13.
Lith. de Frey.

XIII.

Cheval Allemand.

Page 49.

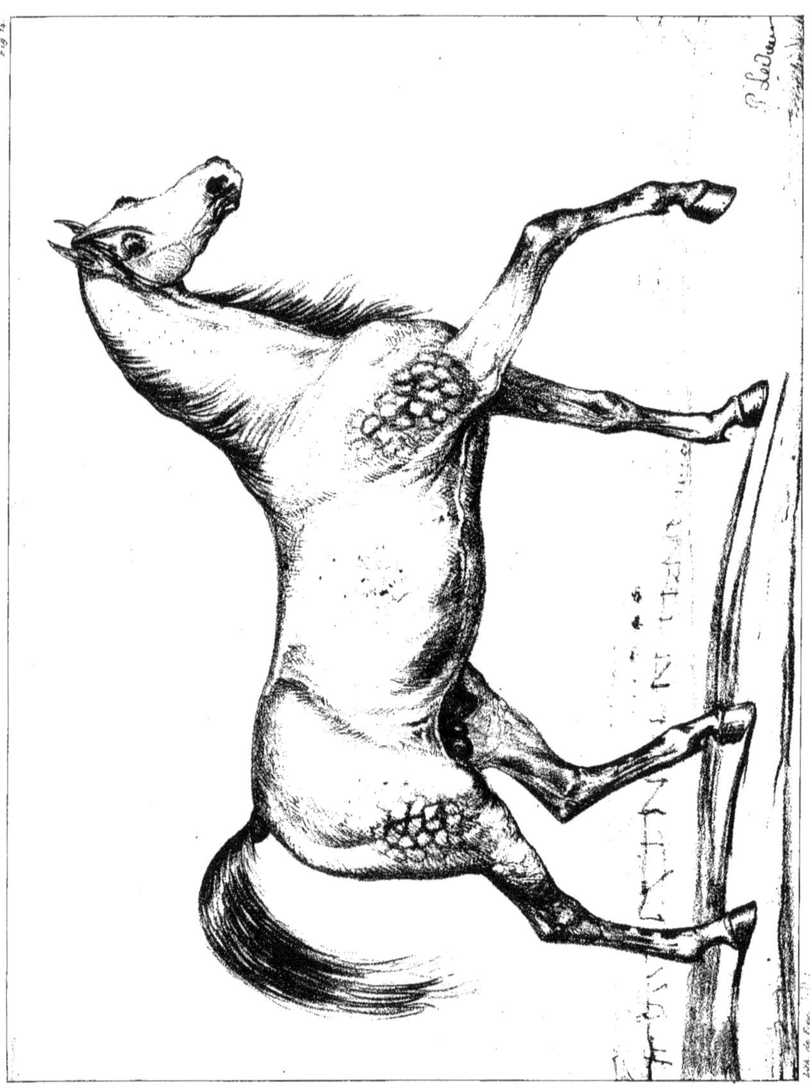

XIV.

Cheval au Pas.

Page 57.

Fig.
P. Ledieu
Lith. de Frey.

XV.

Cheval au Trot.

Page 58.

Fig 16.

XVI.

Cheval au Galop.

Page 59.

Fig: 17.
ROUTE
P. Ledieu
Lith. de Frey

Cheval se traversant ou échoppant les Hanches à droite.

Page 60.

Fig. 18.
P. Ledieu

XVIII.

Cheval au Galop alongé.

Page 61.

XIX.

Cheval appuyant de Droite à Gauche.

Page 101.

fig 9c.

XX.

Cheval exécutant la Tête à la Queue au Galop.

Page 111.

Fig. 21.
Lith. de Frey

XXI.

Cheval du Moyen-Age.

Page 112.

XXII.

Cheval lâchant la Ruade.

Page 117.

Fig. 23.

XXIII.

Cheval qui se Cabre ou qui Pointe.

Page 118.

XXIV.

Cheval ruant par la souffrance des Jarrets.

Page 122.

Fig. 25.
Lith. de Frey.

XXV

Cheval au Trot à la Longe,

rêné en bridon sur l'homme de bois.

Page 125.

XXVI.

Jeune Cheval monté en Couverte.

Page 126.